Heidanei!

Wolfgang Brenneisen

Heidanei!

Die 100 schönsten schwäbischen Wörter

www.bvd.de

Impressum
Bibliografische Information der Deutschen Bibliothek
Die Deutsche Bibliothek verzeichnet diese Publikation in der Deutschen Nationalbibliografie; detaillierte bibliografische Daten sind im Internet über http://dnb.ddb.de abrufbar.

Fotos: Volker Strohmaier

Wir danken den Schauspielern des Amateurtheaters Ochsenhausen, die mit viel Freude und Fantasie die schwäbischen Begriffe in Bilder umgesetzt haben.

Gesamtherstellung:
Biberacher Verlagsdruckerei GmbH & Co. KG,
88400 Biberach, Leipzigstraße 26

Printed in Germany

1. Auflage · ISBN 978-3-933614-81-0

Vorwort

Das „Vorwort" gehört sicher nicht zu den schönsten schwäbischen Wörtern. Der Schwabe ist kein Mann des Vorworts, er will gleich zur Sache kommen. Dennoch hat ein Vorwort seine Berechtigung. Es kann den Leser behutsam auf das Folgende vorbereiten und kurz erläutern, was sich der Autor und Wörtersammler bei seinem Vorhaben gedacht hat.
Ist es nicht ziemlich waghalsig und geradezu anmaßend, eine Liste mit den hundert schönsten schwäbischen Wörtern vorzulegen? Wer entscheidet denn da? Es ist der Autor, und natürlich trifft er eine subjektive Auswahl. Das sind seine schönsten Wörter, seine Lieblinge, seine Freunde. Wer anders würde eine andere Liste präsentieren. Man könnte sich sogar eine Volksabstimmung vorstellen, in der alle Schwaben ihre Favoriten nennen würden. Nur: wem wäre damit gedient? Man hätte eine Statistik mehr. So aussagekräftig oder nichts sagend, wie Statistiken zu sein pflegen.
Bei aller Subjektivität bin ich mir sicher, dass ich nicht wenige Wörter aufführe, die auch andere in ihr Herz geschlossen haben. Es gibt vermutlich doch eine breite Basis der Gemeinsamkeit. Etliche Nennungen werden, denke ich, für Überraschung sorgen. Ich hoffe, damit die Aufmerksamkeit auf Wörter zu richten, die zu Unrecht stiefmütterlich behandelt werden. Wörter nur deswegen aufzunehmen, weil sie kurios klingen, habe ich mir im Allgemeinen verkniffen, obwohl ich dem Charme einiger Antiquitäten einfach nicht widerstehen konnte. Grundsätzlich aber ist mir das Schwäbisch, das vor hundert Jahren auf dem Einödhof gesprochen wurde, nicht wertvoller als das moderne (das manche Ausdrücke von früher nicht mehr kennt).
Wenn man sich mit einem Wort beschäftigt, wird die Etymologie eine Rolle spielen, also die Untersuchung, wo das Wort eigentlich herkommt und welche Bedeutung es ursprünglich hatte. Den Linguisten, die auf diesem Gebiet mit Bienenfleiß gearbeitet haben, können wir nur unendlich dankbar sein. Allerdings bin ich der Auffassung, dass das nicht der alleinige Weg ist, um einem Wort gerecht zu wer-

den, auch nicht die rein lexikalische Erfassung seiner Bedeutungen. Insbesondere halte ich die so genannte „Volksetymologie", also die volkstümliche Umdeutung unverstandener Wörter, nicht für einen bedauernswerten Blödsinn, sondern durchaus für einen schöpferischen Akt, mit dem das Wort in einen neuen Bedeutungszusammenhang gestellt wird.

Für mich ist auch der Klang eines Wortes wichtig, sein Rhythmus, seine Musikalität. Seine Bedeutung erschließt sich nicht nur aus den Definitionen. Es ruft Assoziationen hervor, es steht im Zusammenhang mit anderen Wörtern. Es ist Akteur in Geschichten, es steht auf der Bühne und spielt mit anderen Akteuren. Für Ernst Jandl waren die Wörter nicht bloße Bedeutungsträger, sondern eigene, selbstständige Wesen. Das klingt vielleicht etwas mystisch, wer sich aber auf das Spiel mit den Wörtern einlässt, wird möglicherweise zugeben, dass der Dichter nicht ganz Unrecht hat. Sucht man in irgendeinem Zusammenhang nach dem treffenden Wort, so wird das meist als ganz rationaler Vorgang empfunden, zuweilen aber ergibt sich eine faustdicke Überraschung. Da schwebt das treffende Wort aus einer völlig unerwarteten Richtung herein. Wörter können sich, wenn sie nicht in Lexika eingesperrt sind, so unberechenbar bewegen wie Schmetterlinge. Wörter sind Spielkameraden. Das sieht und hört man, wenn Kinder neue Wörter entdecken und spielerisch mit ihnen umgehen. Wörter sind gute Freunde.

Nach diesen Lobeshymnen stellt sich die Frage: Sind alle Wörter schön? Sind alle schwäbischen Wörter schön? Leben wir, um eine Aussage des Philosophen Leibniz ein wenig abzuwandeln, in der besten aller möglichen sprachlichen Welten, in der es eigentlich keine unschönen Wörter gibt? Hm. Man sollte es wohl mit der Begeisterung nicht übertreiben. Andererseits: Wenn die Geliebte die herrlichen Worte spricht: „Dätscht du mir nomol a Weckle geba?", dann ist jedes dieser Wörter von funkelnder Schönheit.

Aus weniger subjektiver, eher salomonischer Sicht könnte man sagen: Alle gehören sie dazu, die schönen wie die eher unschönen Wörter, die Harmonien wie die Kakophonien, zusammen ergeben sie die schwäbische Symphonie mit ihren hellen und dunklen Tönen. Denn da die Wörter ja die Welt abbilden wollen, dürfen die Dissonanzen nicht ausgespart werden.

Eine Bemerkung noch zu dem Verhältnis von Mundart und Hochsprache. Wir können beides: Schwäbisch und Hochdeutsch, wenn auch unser Hochdeutsch in den Ohren anderer einen schwäbischen Oberton haben mag. Das Hochdeutsche ist nicht der Feind des Schwäbischen, und das Schwäbische ist nicht per se anschaulicher, treffender, humorvoller usw. Beide Sprachformen haben ihren Wert und Sinn.

Die Sprache ist wie ihre Wörter: immer in Bewegung. Man kann sie nicht in einem bestimmten Zustand konservieren. Der Dialekt verändert sich. Zwischen Hochdeutsch und Schwäbisch ergeben sich immer neue Mischungsverhältnisse. Ein Begriff wie „Honoratiorenschwäbisch", mit dem früher einmal eine Degenerationserscheinung gegeißelt werden sollte, ergibt für mich keinen Sinn mehr. Herrschaftssechse! Die Schwaben haben halt unterschiedliche Ausdrucksformen.

Zum Schluss darf ich noch etwas zu der Darstellungsform schwäbischer Wörter hier in diesem Buch sagen. Bekanntlich gibt es ja keine verbindliche Notation. Wer sich besondere Mühe gibt, schwäbische Laute adäquat darzustellen, erweist dem Leser meist keinen guten Dienst. Das Schriftbild strahlt leicht chinesische Rätselhaftigkeit aus. Ich meinerseits habe die Wörter so geschrieben, dass man sich mit, wie ich hoffe, geringer geistiger Anstrengung die lautliche Form vorstellen und sich so das Wort vorsprechen kann.

Gelernt habe ich mein Schwäbisch in Oberschwaben. Das Oberschwäbische ist also mein Fundament. Da ich aber auch lange im Neckarraum gelebt habe, schätze ich diese Form des Schwäbischen gleichermaßen. Es kann sein, dass ich mal die eine Lautform benutze, mal die andere. Wissenschaftlich gesehen ist das natürlich eine Granatasauerei, aber menschlich gesehen kann man es doch durchgehen lassen, oder nicht?

Allmachtsbachel

Das erste unserer schönsten schwäbischen Wörter – ein Schimpfwort? Was ist da los? Kennen die Schwaben nichts Schöneres, als sich Schimpfwörter an den „Melle" zu werfen?

Nu mal sachte, wie die Nordlichter sagen, alles der Reihe nach. Erst einmal die Bestandsaufnahme: Der „Bachel" leitet sich vom römischen Bacchus ab, dessen Darsteller bei Umzügen als dicker Knabe auf einem Weinfass saß. Die Bedeutungsentwicklung war: dickes Kind, dicker Kerl, Dummkopf. „Allmacht" als Attribut Gottes bedeutet hier: sehr groß. Gemeint ist also ein besonders dummer Dummkopf.

Beim „Allmachtsbachel" ist allerdings noch nicht Hopfen und Malz verloren. In einer bestimmten Situation hat er zwar einen Riesenscheiß gebaut, aber es besteht die Hoffnung, dass er noch dazulernt und sich zu einem ganz normalen Schwaben entwickelt. Vielleicht wird er sogar noch Diplomingenieur und schafft dann beim Bosch oder beim Liebherr.

„Allmachtsbachel" erinnert an „It ganz bacha" und „Bache" = weibliche Wildsau. Unweigerlich steigt das Bild von etwas Rundem, Gemütlichem auf (auch wenn die Wildsau gelegentlich zum Jähzorn neigt). Dieser dumme Dummkopf hat also auch seine sympathische Seite.

Das Wort „Allmachtsbachel" verfügt mit seinen drei dunklen a und seinen zwei soliden Zweiertakten über eine musikalische Qualität. Die Kinder könnten singen: „Allmachtsbachel, Allmachtsbachel, o du Jesasallmachtsbachel!" Das ist zwar spöttisch gemeint, aber kein endgültiges Verdammungsurteil. Da niemand auf die Dauer perfekt ist, könnte man sich schon am nächsten Tag selbst als „Allmachtsbachel" entpuppen.

anfersich

Im Hochdeutschen sind das gleich vier Wörter: „an und für sich". Die Bedeutung ist in beiden Fällen dieselbe: „eigentlich, genau genommen".
Wir stellen also im Schwäbischen eine Verknappung fest: Aus vier Wörtern wird eins, aus vier Silben drei. Diese Tendenz zur Kürze und Präzision teilt das Schwäbische mit dem Lateinischen. Wenn der Schwabe auch zuweilen gerne schwätzt – Schwatzhaftigkeit kann man ihm nicht vorwerfen, das zeigt dieses Beispiel.
Das Wort scheint harmlos, ja geradezu nichtssagend zu sein. Aber Obacht! Es führt in philosophische Tiefen. Wer „anfersich" sagt, begnügt sich nicht mit der oberflächlichen Erscheinung der Dinge, sondern will wissen, „was die Welt im Innersten zusammenhält". Mit einem „anfersich" hier und einem „anfersich" da hat sich der Schwabe Georg Wilhelm Friedrich Hegel sein gewaltiges philosophisches System ausgedacht.
Na ja, dem Hegel kann unsereiner nicht das Wasser reichen. Aber wenn Sie in der Konversation immer wieder mal ein „anfersich" einstreuen, macht das einen guten Eindruck. Sie gelten gleich als philosophischer Kopf.

Äpfelbutza

Das Wort gibt es im Hochdeutschen auch: Apfelbutzen. Aber dort klingt es doch erheblich nüchterner, und wenn man in Kluges „Etymologischem Wörterbuch" nachschlägt, sind die dortigen Angaben nicht sonderlich sympathisch. „Klumpen, Schlacke, plumpes, unförmiges Stück" – da möchte man den Apfelbutzen mit einem solch unrühmlichen Stammbaum am liebsten gleich entsorgen.
Dagegen wird einem bei „Äpfelbutza" (von der Aussprache her eigentlich „Epfelbutza") gleich warm ums Herz. Ein solcher entsteht, wenn wir den Apfel mit Hochgenuss verspeist haben. Etwas ist noch übrig geblieben, und wir bedauern, an die letzten Kubikmillimeter des köstlichen Fruchtfleisches nicht heranzukommen. So wirft man schließlich mit einer gewissen Wehmut den Äpfelbutza weg und malt sich aus, wie aus einem der braunen Kerne ein neuer Apfelbaum entstehen wird, der Vater vieler künftiger Äpfelbutza.

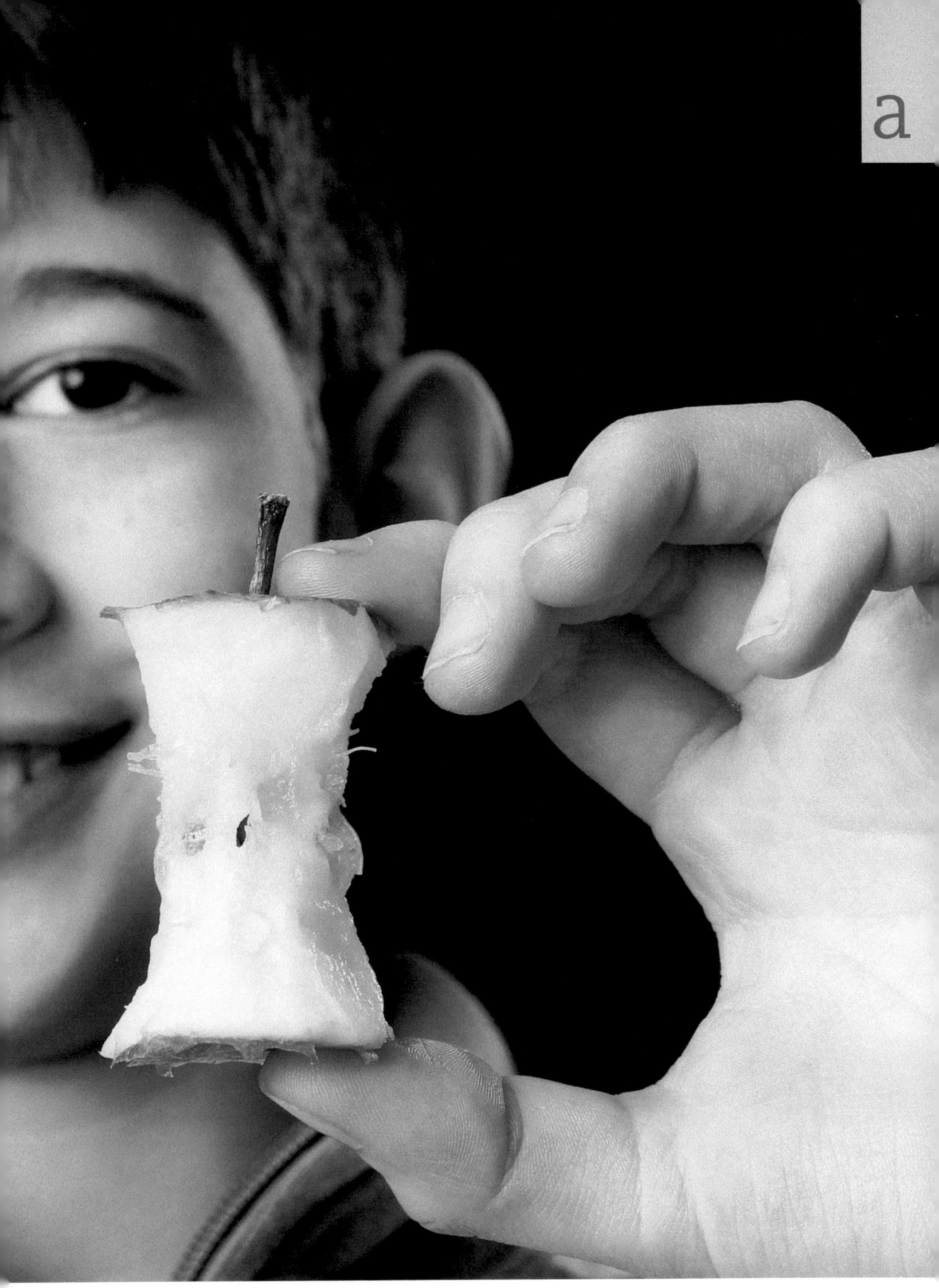

a

ätschgäbele

Die moderne Psychologie ermuntert uns dazu, auch die dunklen Abgründe unserer Seele zu akzeptieren. Ja, wir sollen uns sogar dazu bekennen. Ein solch dunkles Kapitel ist die Schadenfreude. Eigentlich sollten wir sie bei uns verdammen, unterdrücken, nicht einmal an sie denken. Aber wenn dann die Situation da ist, wenn etwa so ein eingebildeter Gockel auf der sprichwörtlichen Banane ausgerutscht ist, fährt es einem spontan heraus: Ätsch!

Was die Schadenfreude angeht, ist der Schwabe auch kein Heiliger. Er grinst genauso genüsslich wie ein Bayer oder ein Friese. Aber das Leben geht ja weiter. Der schmählich Hingefallene steht wieder auf, und ihm klingt noch der schadenfrohe Kommentar in den Ohren. Doch mit der Zeit wächst Gras über die peinliche Angelegenheit.

Nun kennt das Schwäbische nicht nur das „ätsch", sondern auch die Variante „ätschgäbele". Das ist eigentlich doppelt gemoppelt, denn das „gäbele" drückt genauso Spott aus wie das „ätsch". Im Grunde ist „ätschgäbele" ein noch stärkerer Tobak, nämlich eine doppelte Prise Schadenfreude.

Andererseits klingt „ätschgäbele" so spielerisch und harmlos wie ein Kinderreim. In der holden Kinderzeit wurde zwar auch nicht mit Schadenfreude gegeizt, ja es kam noch eine merkwürdige Geste hinzu (die vom „Rübchen-Schaben" herrühren soll): Mit dem einen Zeigefinger wurde über den anderen gestrichen. Doch im Gegensatz zum schroffen „ätsch", das wie ein Peitschenhieb durch die Luft fährt, dreht sich „ätschgäbele" munter wie eine Spieluhr. Und peu à peu verklingt die Schadenfreude, um edleren Gefühlen Platz zu machen.

awa!

Man müsste das Wort eigentlich mit einem deutlichen Akzent schreiben, also „awá", sonst denkt noch einer, das habe etwas mit „Ave" oder „Ave Maria" zu tun. Nix da! „Awa" klingt ein bisschen brutal, und so ist es auch gemeint. Die hochdeutsche Entsprechung „ach was" klingt zwar auch nicht gerade verbindlich, aber vergleichsweise wirkt sie zahm.
„Awa!" muss man einsetzen, wenn „Hano!" nicht mehr ausreicht, also wenn der Gesprächspartner extrem begriffsstutzig ist. Nehmen wir mal ein Ereignis aus der Geschichte, als im Jahre 387 die Kelten wie ihre alemannischen Nachfolger den Römern das Leben schwer machten und unter ihrem Führer Brennus Rom besetzten. Die Römer mussten sich freikaufen und kamen mit den geforderten tausend Pfund Gold angekleckert. Da legte aber der perfide Brennus noch sein Schwert auf die Waagschale, als Gewichtszugabe. Als die Römer protestierten, sprach er die geflügelten Worte „Vae victis!" – „Wehe den Besiegten!"
Was hätte nun ein alemannischer Führer zu den Vorhaltungen der Römer gesagt? Richtig, er hätte einfach „Awa!" geknurrt. Da zeigt es sich, dass das Schwäbische zuweilen noch kürzer und prägnanter sein kann als das vielgerühmte Latein: Zwei Silben statt drei.
Wenn man auch „awa" nicht als das allerschönste schwäbische Wort bezeichnen kann, so ist es doch in manchen Situationen einfach unentbehrlich, und deswegen gehört es in unser Pantheon.

Bäuchle

Das „Bäuchle" oder „Beichle" ist fast schon ein Zwilling des hochdeutschen „Bäuchleins", aber, das muss man entschieden festhalten, eineiige Zwillinge sind es nicht! Das schwäbische Bäuchle ist schon etwas Besonderes. Es hat eben ein schwäbisches Gerüchle und Geschmäckle.
Früher gab es die altmodischen Weinetiketten mit der Aufschrift „Kenner trinken Württemberger". Abgebildet war da auch der Kopf eines solchen Kenners. Das war ein Mannsbild in den besten Jahren mit Doppelkinn und Halbglatze. Untenrum war er nicht zu sehen, aber es war klar: So ein Charakter musste ein Bäuchle haben.
Das Bäuchle ist Ausdruck und Symbol der schwäbischen Lebenskunst. Man isst und trinkt gut – und irgendwo muss sich der Lebensgenuss ja ausdrücken und Gestalt annehmen. Das könnte der Hals sein oder die Füße oder das Fiedla (und manche schaffen es tatsächlich, überall Pfunde anzusetzen), aber die natürliche Ablagerungsstätte ist der Bauch. Wenn sich dieser sanft oder auch etwas auffälliger wölbt, dann ist klar: Diesem Menschen geht es gut.
Das Bäuchle ist kein Ranzen und keine Wampe. Es ist keine Monstrosität. Es gleicht einem netten, gemütlichen Haustier, das man gerne bei sich hat, wie ein Kätzle oder ein Hondle.

b

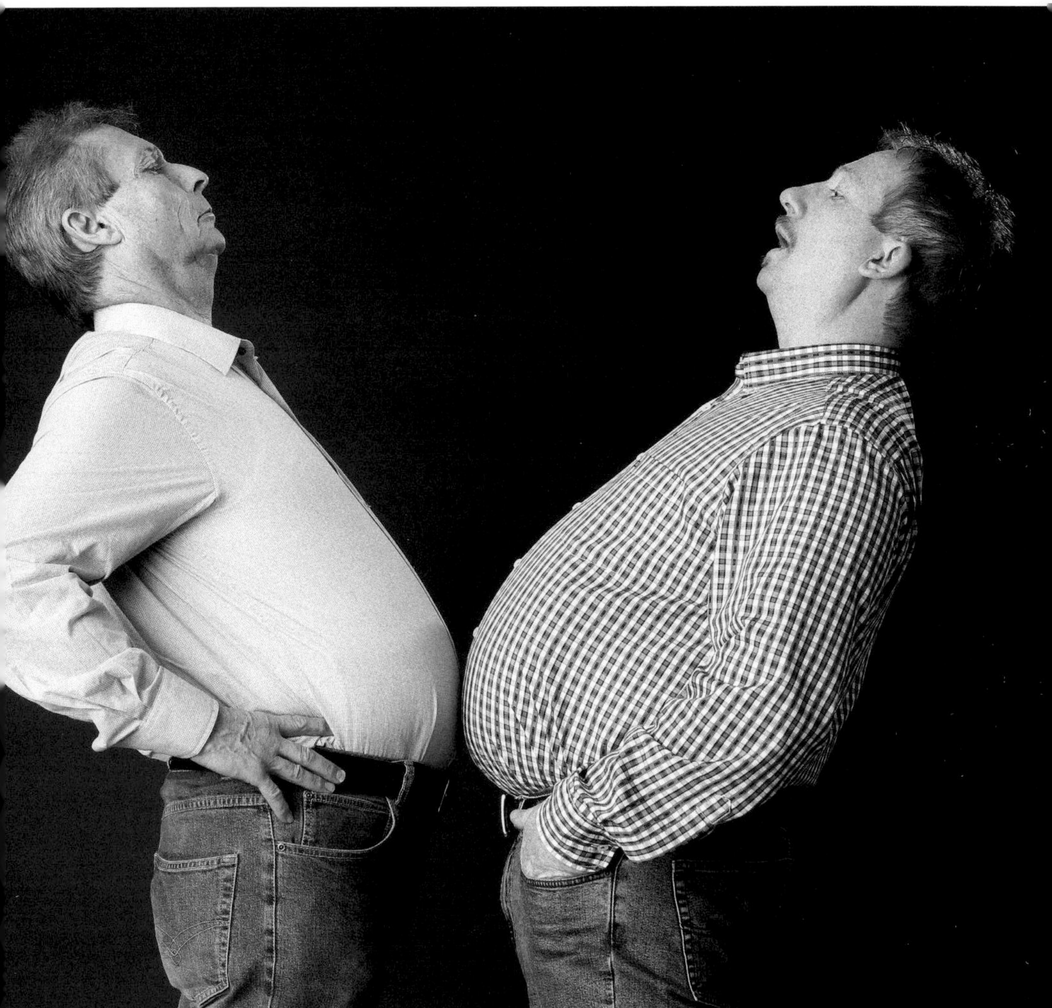

bi bi bi

Da sieht man mal wieder, wie das Schwäbische mit den sparsamsten Mitteln eine ganze Welt heraufzubeschwören vermag. Ein gotziger Konsonant und ein gotziger Vokal, das Ganze ein paar Mal wiederholt, und schon steigt vor dem inneren Auge des Wissenden ein Hühnerhof auf. Die Großmutter betritt die Bühne und ruft: „Bi bi bi!". Jetzt kommen von allen Seiten die gelben Biberle angerannt, denn sie wissen: Es gibt was zu futtern! Man hört ein aufgeregtes, vielstimmiges Fiepsen, und es klingt auch wie „Bi bi bi ..."
Nun kann man sagen: Das ist doch alles Vergangenheit, heutzutage gibt es die Hühnerfarmen und Legebatterien, und wie ein Huhn aussieht, das weiß ein moderner Mensch nur von den Bildern auf den Eierkartons her. Das mag schon sein, aber wer einmal einen echten Hühnerhof erlebt hat, wer vielleicht sogar das Glück gehabt hat, ein federleichtes Biberle in der Hand zu halten, der wird das glockenhelle „bi bi bi" nicht vergessen. Es bedeutet: Kommt mal alle her! und: Es gibt was zu essen! Es bedeutet aber auch: Ich bin ein Lebewesen wie du! Ich möchte laufen und mich bewegen! Ich möchte mich am Leben erfreuen! Bi bi bi ...

Biberach

Wenn ich hier „Biberach" nenne, habe ich auf einen Schlag die Herzen von 32 424 Biberacher und Biberacherinnen gewonnen (Stand 31. 12. 2009). Wenn nur die Hälfte von ihnen dieses Buch kauft, hat sich die kleine Aufmerksamkeit für uns gelohnt.
Aber neben diesem rein praktischen Grund gibt es auch einen emotionalen. Immerhin bin ich in dieser Stadt aufgewachsen, habe hier mein Schwäbisch erlernt und bin also zum ersten Mal all den schönen Wörtern begegnet, die in diesem Band genannt werden. Unzählige Erinnerungen verbinden mich mit der Stadt. Distanzierte Objektivität ist also das Letzte, was man in diesem Fall von mir verlangen kann. Nehmen Sie einfach den Ort, an dem Sie wohnen, und schreiben seinen Namen hinten ins Büchle rein – dann ist wieder alles im Lot, oder nicht?
Die Herkunft des Namens „Biberach" liegt in geschichtlicher, ja vorgeschichtlicher Dunkelheit. Verschiedene Hypothesen wurden aufgestellt. Von „braunem Wasser" (bebra aqua) wurde schon gefaselt. Hano! Die Deutungshoheit hat im Laufe der Jahrhunderte die Erklärung „Fluss der Biber" errungen. Immerhin gibt es heute noch die Riß, und die Biber sind auch wieder da. Auch das Stadtwappen zeigt seit ewiger Zeit den Biber, und all die vielen Biberbilder, mit denen die Stadt gesegnet ist und sich immer aufs Neue segnet, gehen auf keine Kuhhaut. Fazit: Die Übermacht der Biber beweist die Richtigkeit dieser Namenshypothese. Zehntausend oder gar hunderttausend Biber können sich nicht irren!
Der Name ist auch äußerst zutreffend. Der „Biber" mit seinen hellen Vokalen versinnbildlicht die barocke oberschwäbische Lebenslust, die schon Thaddäus Troll gerühmt hat, und das dunkle „ach" mit seinem eindeutigen, finalen Verschlusslaut verankert die freie Reichsstadt in der fruchtbaren oberschwäbischen Erde.

Blärhäge

Ein Kind, das viel blärrt, sich also so aufführt wie eine Heulsuse, muss es sich gefallen lassen, „Blärhäge" oder „Blärrhäge" genannt zu werden. Die Reaktionen sind unterschiedlich. Das eine fühlt sich so in seiner Ehre getroffen, dass es nie wieder blärrt. Das andere dagegen blärrt jetzt umso mehr – die vermeintliche verbale Medizin hat nur die Krankheit verschlimmert.

Was soll jetzt daran schön sein? Es ist die originelle Wortbildung, es ist der Genius des schwäbischen Sprachschöpfertums. Ich bin auf dem Dorf aufgewachsen und habe den Häge, also den Stier, mit eigenen Augen in seiner Einfriedung gesehen, selbstverständlich aus sicherer, respektvoller Entfernung. Denn wenn er einmal ausgebrochen war, bedurfte es aller Männer im Dorf, um das tobende Untier wieder einzufangen.

Nie habe ich erlebt, dass ein Häge geblärrt hat. Ausgerechnet einem so berserkerhaften Mannsbild von Tier ein „Blärra" anzudichten, ist ein so aberwitziger Einfall, dass die Surrealisten oder Dadaisten (wären sie des Schwäbischen mächtig gewesen) ihre helle Freude daran gehabt hätten.

Übrigens kann sich auch ein gestandener Schwabe, der die magische Altersgrenze von vierzig Jahren überschritten hat, wieder in einen Blärhäge verwandeln: wenn beim Bau seines Häusles der Bauunternehmer pleite macht und Tausende von Euro da Bach na ganget …

Bole

Auch „Katzabole", um unmissverständliche Klarheit zu schaffen. Gemeint ist also der Kater. Die Etymologen müssen mal wieder im Trüben fischen und finden nichts, was die Herkunft des Wortes zweifelsfrei erklärt. Immerhin wird auf eine mögliche Verwandtschaft mit dem Englischen verwiesen: „to brawl = schreien, lärmen". Das hat was für sich, wie jeder bestätigen kann, dessen Nachtruhe durch das Geschrei liebestoller „Bole" gestört worden ist.
Wie auch immer, der „Bole" sucht sein (seine) „Mulle", und aus dieser Verbindung gehen diverse „Kätzla" hervor. Eine nette Tier- wie Wortfamilie, oder nicht? Nun verwendet man „Bole" aber auch in einer anderen Bedeutung: „unfreundlicher Mensch, Grobian". Wie ist das zu erklären?
Zugegebenermaßen sind die „Bole" oft eigenwillige Charaktere und zum Teil schroffe Originale. Aber für die Katzen gilt dasselbe wie für die Menschen: Es gibt sotte und sotte. Wie schön einem das Wort „Bole" klingt, wird sich nach den eigenen persönlichen Erfahrungen mit den Tieren richten.
Ich hatte mal einen zutraulichen „Bole" kennen gelernt, mit dem man hätte Pferde stehlen können, wenn ein solcher Vergleich statthaft ist. Er ließ es sich gefallen, mit dem Schwanz in die Höhe gehoben zu werden (was ich selbst allerdings aus Achtung vor dem gutmütigen Freund nie gemacht habe).
Ein anderer, eher spielerisch veranlagter „Bole" setzte sich sofort auf den Staubsauger, wenn dieser angeschaltet worden war, und ließ sich darauf herumkutschieren. Das würde der Onkel Alfons, der allgemein als unfreundlicher, grober „Bole" gilt, nie machen!

Bollaputz

Weder „Bolla" noch „putz" sind für sich allein so großartig, dass man sie in das Paradiesgärtlein der schönsten schwäbischen Wörter hereinbitten möchte – aber mit dem herrlichen „Bollaputz" ist es ganz anders, das hört doch jeder! Wenn Ihre noch nicht schulpflichtigen Kinder genug haben von „Lompazuigs", dann werfen Sie ihnen als sprachliches Futter „Bollaputz" zum Fraße hin. Die Gofen werden sich nicht einkriegen können vor Vergnügen.

„Bollaputz" gehört in den Bereich des Häuslebauers. Wie soll die Fassade des neuen Häusle aussehen? So langweilig glatt wie bei den Nachbarn? Wer es individuell und originell haben will, wählt den „Bollaputz", der mit seinen Bollen die neutrale Hauswand interessant strukturiert. Zugegebenermaßen lieben nicht alle diesen rustikalen Touch. Die Stadt Leutkirch warnt ausdrücklich den Häuslebauer: „Bollenputze oder Kellenmuster geben den Außenwänden ein aufdringliches Eigenleben."

Awa! Ein bisschen Aufdringlichkeit bringt Würze in das Leben, oder nicht?

Doch zurück zum Wort „Bolla". Es bezeichnet einfach etwas Rundes, das war schon im Mittelhochdeutschen so. Das Runde kann sich nun mit allem Möglichen verbinden, zum Beispiel mit „Ross", dann haben wir den „Rossbolla". Dieses Wort können wir in der Tat nicht in unsere Liste aufnehmen, es klingt zwar umwerfend, die bezeichnete Sache sieht aber nicht so appetitlich aus und riecht auch nicht so gut. „Bollaputz" dagegen klingt gut, sieht krachledern aus und riecht nicht – was wollen Sie mehr?

Boscht

An diesem Beispiel sieht man mal wieder, was für ein langer Weg zurückgelegt werden muss, bis endlich ein solides schwäbisches Wort entstanden ist. Die Römer erfanden das Wort „ponere", aber das ist ja noch nichts Rechtes, oder? Die Italiener machten daraus „posta", was ihnen hoch anzurechnen ist, und von da war es nur ein vergleichsweise kleiner Sprung zur hochdeutschen „Post". Doch erst im Schwäbischen erhielt das Wort sozusagen den letzten Schliff oder sein schönes, gemütliches Ambiente.

Es klingelt an der Haustür, man hebt den Hörer der Gegensprechanlage ab, ist innerlich schon gewappnet, weil man einen Staubsaugervertreter oder einen Sammler für einen obskuren guten Zweck vermutet, man hat schon die passenden Vokabeln bereit, also „Koin Bedarf!" oder „Han selber!" oder „Mir spendet nix!" – da ertönt das wunderbare Wort: „Boscht!"

Das ist doch wie himmlische Musik! Man hatte an diesem Tag nichts erwartet, nichts erhofft, und jetzt diese schöne Überraschung. Die Vorfreude ist bekanntlich die schönste Freude. Was könnte die Boscht beinhalten? Es muss ja etwas Größeres, Gewichtigeres sein, sonst hätte der Briefträger die Sendung einfach eingeworfen. Eine Schachtel Pralinen? Ein wertvolles altes Buch? Ein Bündel Banknoten, von einem unbekannten Wohltäter in einen Schuhkarton geschichtet?

Selbst wenn es am Ende nur ein Versandkatalog ist, hat die „Boscht" für eine angenehme kleine Aufregung gesorgt. Und am nächsten Vormittag hofft man insgeheim wieder, dass das wunderbare Wort „Boscht!" ertönt. Aber die Zeiten ändern sich leider. Es ist zu befürchten, dass es bald nirgendwo mehr das gute alte Boschtamt gibt. Nun erhält man per E-Mail die Mitteilung, dass eine Sendung zur Abholung bereit liege, zum Beispiel beim nächsten Aldi. So etwas nennt sich dann „Postagentur". Das aber ist ein durch und durch unschwäbisches Wort, das es nie in das „Schwäbische Handwörterbuch" schaffen wird.

Bräschtleng

Damit Nichtschwaben, die sich redlich um ein tieferes Verständnis von schwäbischer Lebensart und Lebenskunst bemühen, eine Ahnung erhalten, worum es sich bei diesem rätselhaften Wort handelt, sei hier gesagt: Der „Bräschtleng" ist eine dicke, große, tiefrote und aromatische Gartenerdbeere. In früheren Zeiten, als es noch nicht den Zückerlesscheißdreck von heute gab, konnte dieser köstliche Genuss durch nichts getoppt werden. Wäre der biblische Esau, der sein Erstgeburtsrecht für ein Linsengericht an seinen hinterlistigen Bruder Jakob hergab, ein Schwabe gewesen, hätte man ihm eine Schüssel mit Bräschtleng vorsetzen müssen, wären auch bei ihm alle Sicherungen durchgebrannt. Woher das saftige Wort kommt, darüber streiten sich die Gelehrten. Deshalb picken wir hier eine besonders schöne Erklärung heraus. Das Wort leite sich her von „Pröpstling", also letztlich „Propst". In früheren Jahrhunderten ging es den Kirchenleuten oft besser als dem gemeinen Volk. Da kam so ein wohlgenährter, rotbackiger Propst daher, dem es der Herr offensichtlich im Schlaf gab, denn vom Schaffen konnte seine strotzende Gesundheit nicht herrühren. Ja ja, der Herr Propst. Ka'sch nix macha, Hugole! Aber man konnte den Rotgesichtigen wenigstens hählinga etwas schlechtmachen und „Pröpstling" nennen. Als es durch geduldiges Züchten gelungen war, die kleine Walderdbeere in die riesige Gartenfrucht zu verwandeln, fiel den Züchtern gleich der richtige Name ein: dick und rot = „Bräschtleng". Wie auch immer, „Bräschtleng" klingt einfach unwiderstehlich, oder nicht? Da kann die hochdeutsche „Erdbeere" nicht mithalten, das klingt doch richtig matt und erinnert fast schon an „Erdapfel", also an Kartoffel. Bei „Bräscht" spritzt geradezu der Saft links und rechts zur Gosch' raus, und „leng" lässt vermuten und hoffen, dass dieser himmlische Genuss lange anhält. Wenn jetzt wieder so ein Griffelspitzer daherkommt und von „Volksetymologie" zu schwätzen anfängt, dann kriegt er gleich eine an d' Gosch' na!

bruddla

Die Meinungen gehen auseinander, ob dieses Wort zu den schönsten schwäbischen Wörtern gezählt werden darf. Die einen, die notorischen Bruddler, bruddeln natürlich auch hier (Awa! Nix do! Naus damit!), während den anderen eben diese Bruddler so auf den Keks gehen, dass sie ihnen nicht auch noch hier in unserem linguistischen Paradiesgärtlein begegnen wollen.

Nun, allen kann man es sowieso nicht recht machen, deswegen verkünden wir salomonisch: „bruddla" ist eines der schönsten schwäbischen Wörter, und damit basta! Selbstverständlich werden wir unsere Wahl begründen.

„Bruddla" ist verwandt mit „brodeln". In einem Bruddler brodelt es inwendig wie in einem Vulkan. Er ist im Prinzip immer unzufrieden und artikuliert diese Unzufriedenheit halblaut und brummend. Man fühlt sich an ein fernes Gewitter erinnert, das am Horizont herumdruckst, jedoch nicht, wie die Nordlichter sagen, zu Potte kommt. Fahle Blitze und ein missgestimmtes Grummeln, mal lauter, mal leiser.

Das hochdeutsche Pendant wäre „meckern". Das klingt nun aber längst nicht so sympathisch wie „bruddla". Im Meckerer brodelt es nicht inwendig, sondern es meckert. Als stecke da drinnen eine Ziege, die an allem etwas auszusetzen findet. Ekelhaft!

Das „Bruddla" dagegen vermittelt auch eine gewisse Gemütlichkeit. Wenn bei einer Familienfeier der Onkel Karl-Friedrich, ein notorischer Bruddler, mit am Tisch sitzt und seine typischen Geräusche von sich gibt, gehört das einfach dazu. Ohne diesen mürrischen Basso ostinato wäre das Familienorchester einfach nicht komplett.

Bullabeißer

Das klingt ja ziemlich gefährlich. „Ursprünglich der Hund, der bei der Stierhetze auf den Bullen gejagt wurde", sagt Hermann Wax. Dem muss entgegengehalten werden, dass der Häge bei uns nicht gehetzt wird, sondern sich mit Lust und Leidenschaft der Fortpflanzung widmen darf – beneidenswert! Der schwäbische Bullabeißer ist dann einfach ein großer, starker, aggressiver Hund.
Das klingt aber auch nicht besonders sympathisch, oder? Dazu kann gesagt werden, dass das Wort nicht so gefährlich ist wie die damit bezeichnete Kreatur. Wenn ein schwäbisches Kind die Sprache erlernt und die Eltern ihm den „Bullabeißer" vorsetzen, wird es sofort Gefallen daran finden. Das Wort rollt so schön von der Zunge, dass man es genießerisch wiederholt. Es hat das Zeug zum Abzählvers oder zum lustigen Lied: „Bullabeißer, wo bisch?"
Trotzdem bleibt noch die schreckliche Wirklichkeit der bösen Bulldogge mit den blutunterlaufenen Augen. Doch auch auf dieser Ebene kann ich Entwarnung geben. Bei uns in der Nachbarschaft wohnt ein „Bullabeißer" mit dem Namen Linus. Er sieht so aus, als würde er einen sofort in Stücke zerreißen, wenn man etwas Unbedachtes macht. Aber weit gefehlt! Linus ist eine Seele von Hund. Man kann ihn ausgiebig streicheln. Dann schaut er treuherzig nach oben, und anschließend schleckt er einem die Hand, als Ausdruck seiner Gutmütigkeit und Zeichen der Freundschaft.
Linus ist ein ganz lieber „Bullabeißer", ein lieber!

b

burzla & wala

Ein wunderschönes siamesisches Zwillingspaar! Auf Hochdeutsch wäre das „purzeln und sich wälzen", aber mit der Übersetzung geht natürlich die wunderbare schwäbische Grundierung verloren. „Burzla ond wala" ist eine Lieblingsbeschäftigung von Kindern, wenn man sie lässt. Jedenfalls war dem so in der Zeit, als die Gofen noch nicht permanent vor dem Computer saßen („hocka ond glotza").
„Burzla ond wala" kann man eigentlich auf jedem Boden, aber am schönsten ist es doch auf der weichen Wiese. Logischerweise sieht man das der Kleidung an. Die Mutter fragt: „Bua (Mädle), wie siehscht du denn aus? Wa hoscht du Fetz trieba?" Aber natürlich ist das nur eine rhetorische Frage, sie weiß genau, was da getrieben wurde, denn sie erinnert sich etwas wehmütig an die eigene Kindheit. Die Kleidung kommt dann einfach in die Waschmaschine.
„Burzla ond wala" ist aber auch im Erwachsenenalter noch möglich. Ein junges Ehepaar fragt im Bettengeschäft, ob sie aus Gründen der Bequemlichkeit statt des üblichen Doppelbetts auch zwei französische Betten haben könnten. „Selbschtverschtändlich!", sagt der ältere Verkäufer und fügt dann hinzu: „Do könnet ihr jo burzla ond wala ..."

Dibbel

Der „Dibbel" ist ein Schimpfwort, aber sozusagen ein gemütliches – das hört man ja beinahe, oder nicht? Natürlich mag es keiner, wenn er als „Dibbel" und damit als Dummkopf bezeichnet wird. Aber man kann die unschöne Anrede zur Not verdrängen und sich sagen: So schlimm war es wohl nicht gemeint. In manchen Familien nennt jeder jeden einen „Dibbel", von morgens bis Mitternacht, ohne dass deswegen gleich der Haussegen schief hängt. Man könnte meinen, die ganze Familie bestehe ausschließlich aus „Dibbeln" (was die Nachbarschaft bestätigt).

Außerhalb des Familien- und Verwandtenkreises hat der „Dibbel" etwas mehr Gewicht, aber den Tatbestand der Beleidigung wird er wohl selten erfüllen. Kläger: „Herr Richter, der Kerle do dieba hot mi Dibbel g'hoißa! Des ischt a granatamäßiga Beleidigung!" – Richter: „Awa! Wer so rausschwätzt, ischt ein Dibbel. Die Klage wird abg'wiesa."

Das Wort „Dibbel" ist ursprünglich gar nicht so harmlos gewesen. Es leitet sich nämlich ab von Diabolus, also vom Teufel! Dieser hatte es vor allem auf Schafe abgesehen und löste in ihnen eine böse Drehkrankheit aus. Ein befallenes Schaf verhielt sich nicht normal, es drehte sich nach einer Seite und mochte im Vergleich zu seinen Artgenossen „dumm" erscheinen. Der erfahrene Schäfer verstand sich darauf, mit einem Bohrer als chirurgischem Instrument den „Dibbel zu bohren". Im Endeffekt war das Schaf geheilt – oder tot.

Aber so genau will man das heute nicht mehr wissen! Es ist doch gut, wenn sich der Schleier des Vergessens über die dunkle Vorgeschichte breitet. Heutzutage kann auch ein Oberdibbel damit rechnen, dass er friedlich unter uns leben kann, ohne dass er angebohrt wird.

d

Diebenga

Wenn der Groschen nicht gleich gefallen ist: „Tübingen" ist gemeint. An diesem Beispiel kann man sehr schön studieren, dass sowohl Hochsprache wie Mundart ihre Berechtigung haben.
„Tübingen" ist die offizielle, gemeinverständliche Version des Namens. Die Endung „-ingen" weist auf eine alemannische Siedlung hin. Als Namensgeber diente ein gewisser Tuwo, Tubo, Tuo oder Tugo, so genau weiß man es nicht. Wahrscheinlich haben die Tübinger damals etwas genuschelt. Eines ist jedoch sicher: „Turbo" hieß der alemannische Stammvater nicht, denn ein solcher Name spräche der eher bedächtigen schwäbischen Art Hohn.
Das Qualitätssiegel von „Tübingen" ist die Universität. 1477 gegründet und immer noch stadtbeherrschend. Man kann sich gut vorstellen, wie 2077 anlässlich des 600-jährigen Jubiläums ein imposanter Zug von talarbewehrten Professoren, darunter viele Reig'schmeckte, von der Neuen zur Alten Aula zieht. Das ist „Tübingen" in seiner ganzen akademischen Majestät.
„Diebenga" dagegen: So schwätzen die Eingeborenen, die in der Mehrzahl keinen akademischen Abschluss haben, dafür aber die Stadt am Laufen halten. Wer denkt in diesem Zusammenhang nicht an die legendären Gogen, die mit ihrem gesunden Menschenverstand und treffsicheren Mutterwitz den Großkopfeten durchaus Paroli bieten konnten.
„Tübingen" und „Diebenga" – das ist wie Don Quichotte und Sancho Pansa. Ein prächtiges Paar, von vorne und von hinten.

dohanna

Da dieses Wort kleingeschrieben wird, kann es sich nicht um einen neumodischen Mädchennamen handeln, der von innovationssüchtigen Eltern aus „Doris" und „Johanna" zusammengewurstelt worden ist. „Dohanna" bedeutet „hier" oder „da" und ist mit seinen drei Silben an Stelle der hochdeutschen Einsilbigkeit der Beweis dafür, dass der Schwabe auch beredter und nachdrücklicher werden kann, falls es sein muss.

Wenn beim Militär geprüft wird, ob der Schütze A. präsent ist, antwortet der Aufgerufene traditionsgemäß mit „Hier!" Ist er ein Schwabe, liegt ihm eigentlich ein „Dohanna!" auf der Zunge. Zweifellos klänge das viel gewichtiger. Hatten in früheren Zeiten drei Schwaben „dohanna" gerufen, trauten sie es sich ohne weiteres zu, es mit zehn Preußen aufzunehmen, die nur ein „hier" gepiepst hatten.

Bei „dohanna" nimmt man mit der Auftaktsilbe sozusagen einen kleinen Anlauf, um sich dann mit beiden Beinen fest in der Erde zu verankern. Wer einmal „dohanna" gesagt hat, den wird der Wind nicht so leicht umpusten. Wäre Martin Luther ein Schwabe gewesen, dann hätte er beim Wormser Reichstag gesagt: „I stand dohanna. I sag's, wie's isch. Dr Herrgott wird's scho richta." Vielleicht hätten beim Klang dieser schwäbischen Laute Reformation und Gegenreformation einen ganz anderen Verlauf genommen.

donderschlächtig

Heidablitz, das ist mal ein Wort von rechtem Schrot und Korn! Wenn man es genießerisch ausspricht, haben Auge und Ohr etwas davon. Zwar ist nur vom Donner die Rede, aber erfahrungsgemäß sind Donner und Blitz siamesische Zwillinge, wenn wir vom einen sprechen, meinen wir den anderen mit. Da braut sich eine Mitteilung im Kopf des Sprechers zusammen, dann bricht sie polternd aus ihm heraus und schlägt punktgenau ein. Der Wetterbericht sagt, es sei hochsommerlich warm. Awa, es ist „donderschlächtig heiß"!

Etwas ist „donderschlächtig teuer", eine Person ist ein „donderschlächtiger Lomp", und eine andere hat „einen Donderschlächtigen" (gemeint ist: Rausch). Mit „donderschlächtig" kommt Leben in die Bude, oder nicht?

Zwar hat das „-schlächtig" eigentlich mit Schlag und Donnerschlag nichts zu tun, sondern bedeutet schlicht „von der Art", aber der gewalttätige Donner hat es so sehr vereinnahmt, dass man ihm die angeblich harmlose Herkunft nicht so recht abnehmen will. Und der schwäbische „Donder" tut ja noch gewalttätiger und besitzergreifender als der hochdeutsche „Donner". Man hört geradezu ein gefährliches Rumpeln, das sich im nächsten Moment mit einem jesasmäßigen Krachen entladen wird.

Fazit: „Donderschlächtig" ist ein donderschlächtig schönes Wort, da beißt die Maus keine Silbe ab.

ebbes

Klar, dieses Wort gibt – auf den ersten Blick jedenfalls – nicht so viel her, es wirkt ziemlich unauffällig. Wenn es mal einen Empfang für die schönsten schwäbischen Wörter im Stuttgarter Neuen Schloss geben sollte (nach diesem Buch ist ja alles möglich), käme das Wort gleich nach „donderschlächtig" und würde in seinem Kielwasser untergehen. Aber ganz so ohne ist „ebbes" auch nicht.
Zunächst jedoch zu den Verwandtschaftsverhältnissen: „Ebbes" hängt mit „etwas" zusammen, hat dieselbe Bedeutung und ist die gemütlichere, lässigere Aussprache. In der Sprache der Gelehrten: Der Dental „t" hat sich an den Labial „w" assimiliert. „Etwas" klingt ja ziemlich scharf und präzise – aber das ist doch reine Hochstapelei! Da ist „ebbes" eine ehrliche Haut, es verspricht nicht, was es nicht halten kann. „Ebbes" ist einfach „ebbes", nicht mehr und nicht weniger.
Wenn man sich „ebbes" gebacken vorstellen wollte, wäre es rund und solide wie ein Biberacher Knauzenwecken oder ein Leonberger Knäusle. Und so wie man gutes schwäbisches Backwerk von morgens bis abends braucht, so ist es auch mit „ebbes". Man braucht es ällaweil beim Schwätza und möchte es nicht missen. „Ebbes" ist einfach „ebbes Rechts".

Eisele

Kommt ein Gaul zum Schmied und sagt: „Herr Eisele, dätet Se mir a Eisele draufmacha?" „Wo?" „Henta links." „Isch recht." Und schon macht sich der Herr Eisele ans G'schäft. Ist das nicht eine herzerwärmende Geschichte? Sie zeigt, warum der Name „Eisele" bei Tier und Mensch gleichermaßen einen guten Klang hat.
Im Prinzip ist jeder Name schön, vor allem der eigene, auch wenn es in manchen Fällen ein Leben lang dauert, bis man sich daran gewöhnt hat. Wir könnten hier hunderte schwäbische Namen aufführen, und einer wäre immer schöner als der andere. Stellvertretend für diesen Namensschatz sei hier der vortreffliche Name „Eisele" ausgewählt, auch deshalb, weil er im Südwesten zu den häufigsten Namen mit der Endung -le gehört (neben Eberle und Merkle). Wir wissen: Wer die Verkleinerungsform -le im Namen trägt, zeigt wenig Neigung, woanders zu leben als hier im Süden; der Eisele bleibt am liebsten unter seinesgleichen. Recht hat er.
Der Name „Eisele" entstammt natürlich der Berufsgruppe der Schmiede. Mein eigener Name gehört auch in diese Rubrik, vielleicht bin ich irgendwie weitläufig mit all den Eiseles im Ländle verwandt – ein erhebender Gedanke!
Der Name „Eisele" hat einen authentisch schwäbischen Klang. Wenn Sie als Namensträger sich sonst wo in Deutschland als „Eisele" vorstellen, fliegen Ihnen gleich alle Sympathien zu. Dem Schwaben als solchem eilt ein Ruf von Cleverness, Tüchtigkeit und Zuverlässigkeit voraus, und gar einem „Eisele" traut man Wunderdinge zu. Gleich sollen Sie hier ein loses Eisele wieder fixieren, dort ein verrecktes Maschinle zum Laufen bringen oder an anderer Stelle sogar eine ganze Kläranlage sanieren. Selbst wenn Sie nur sagen: „In dem Fall dät i en Fachmann holla", wird das als geniale Lösung aufgenommen, auf die man aus eigener Kraft nie und nimmer gekommen wäre.
„Eisele" – das klingt einfach gut. Da gehen der Ernst des Eisens und die Verbindlichkeit schwäbischer Lebensart eine harmonische Ehe ein.

Fasnetsküchle

„Fasnetsküchle, Fasnetsküchle, Fasnetsküchle" – das klingt doch schon wie ein veritabler Fasnetsspruch in der Art von „Hoorig, hoorig, hoorig ischt die Katz!" Man hört Schellengeläut und Schalmeienklänge, der Fasnetsumzug kommt die Straße entlang, die Hexen jucken um die Wette, eine immer höher als die andere, die jungen Kerle in den malerischen Kostümen schaffen wie im Akkord, und natürlich bedeutet das einen riesigen Kalorienverbrauch, der unbedingt ausgeglichen werden muss. Beispielsweise mit – Fasnetsküchle.

Die Dinger schmecken teuflisch gut. So soll es ja sein. Bevor die strenge Fastenzeit am Aschermittwoch einsetzt, will man noch richtig auf den Putz hauen. Ich kann mich noch deutlich an die Kinderfaschingszeit von anno dazumal erinnern (Opa erzählt von früher), als alles noch etwas primitiver und trotzdem nicht weniger schön war. Sein Kostüm konnte man nicht fix und fertig im Laden kaufen, man musste seine Fantasie daran setzen, aus dem häuslichen Textilvorrat ein originelles Häs zusammenzustellen. Nach dem vielen Herumrennen und Johlen auf der Gass' drängten die hungrigen Mäschkerle in die Kuche, wo die Mutter eine Runde Fasnetsküchle nach der anderen aus dem dampfenden Schmalz hervorzauberte. So gestärkt ging es wieder hinaus: „Fasnetsküchle, Fasnetsküchle, Fasnetsküchle ..."

Fässle

Das könnte eine Ehefrau zu einem Mann sagen, wenn er ein Bäuchle entwickelt hat. Es wäre ein leichter oder auch schwerer Tadel. Der „Fischer" definiert dagegen „Fässle" mit „kluger, hochintelligenter Mensch". Wenn also der Bub, der normalerweise von der Schule reihenweise „Dreier" und „Vierer" heimbringt, einmal eine „Zwei" in einer Biologie-Klassenarbeit geschafft hat, sagt die Oma: „Bischt a Fässle!" und gibt ihm zehn Euro. Die stolze Familie sieht ihn schon visionär bei der Tagung der Nobelpreisträger in Lindau.
„Fässle" klingt entschieden menschlicher und gemütlicher als „Individuum mit überdurchschnittlich hohem Intelligenzquotienten". Ein „Fässle" ist im Prinzip ein Mensch wie du und ich, mit dem man auch sozusagen auf Augenhöhe über alltägliche Dinge schwätzen kann. Dann stellt sich das „Fässle" halt ein bisschen dümmer als es ist.
Das „Fässle" ist im Prinzip eine Art Container wie das Sauerkrautfass. Aus der Tiefe seiner unergründlichen Klugheit vermag es eine Portion Einsicht nach der anderen heraufzuholen.

f

fei

Ein feines Wort, das tatsächlich aus demselben Stall kommt wie das hochdeutsche „fein". Wiederum ist der schwäbische Trend zur Kürze und Verknappung auffällig. Ein noch radikalerer Schritt wäre, auch noch auf den Diphthong „ei" zu verzichten, sodass nur noch „f" übrig bliebe. Wer weiß, vielleicht ist es ja in hundert Jahren so weit.
„Fei" ist ein Testwort. Mit ihm kann man feststellen, wie weit Nichtschwaben, die sich die unlösbare Aufgabe gestellt haben, die schwäbische Mundart zu erlernen, gediehen sind. Wo passt ein „fei" hinein und wo nicht? Der „Fischer" liefert zwar einen theoretischen Hinweis: „bloße Partikel, den Inhalt des Satzes hervorhebend, wie nhd. ‚wohl'", aber das ist ein tückischer Ratschlag. „Wohl" ist nicht gleich „wohl", und wenn der hochdeutsche Azubi radebrecht: „O wie fei ischt mir am Obed", wird er auf Befremden stoßen. „Passet Se fei auf, wenn Se halt in Gott's Nama schwäbisch schwätza wellet!"

Fetz

Wir wollen nicht drum herumreden: der „Fetz" ist ein Schimpfwort und taucht als solches in „Thaddäus Trolls schwäbischer Schimpfwörterei" auf. Ist ein solches überhaupt berechtigt, in unsere Sammlung der schönsten schwäbischen Wörter aufgenommen zu werden? Darauf antworten wir entschieden und eindeutig: Es kommt ganz darauf an. „Aaschloch" oder „Sauriebeleskopf" würden wir nie akzeptieren, so etwas sagt man nur, wenn keine Zeugen anwesend sind.

„Fetz" dagegen hat einen gewissen Charme. Mit „Fetz" bezeichnet man eigentlich einen Fetzen, also ein abgerissenes, lumpiges Stück Tuch. Wenn ein Mensch damit verglichen wird, meint man einen Lumpen, also einen höchst bedenklichen Charakter. Doch manchmal ist es ein Lump mit Pfiff, dem man seine Anerkennung nicht versagen kann. Dann ist es, heidanei, ein „Granatafetz", ein „Vivatslomp"! Als Beispiel könnte man den Zundelfrieder und den Zundelheiner von Johann Peter Hebel nennen. Das sind zwar alemannische Fetze, aber in dieser halbkriminellen Grauzone wollen wir es nicht so genau nehmen. Und als Badener ist der Hebel fast schon ein Schwabe, oder nicht?

In seiner Zwielichtigkeit eignet sich der „Fetz" hervorragend als Held einer Komödie. Wenn das „Theater Lindenhof" oder der „Dramatische Verein Biberach" wieder mal einen richtigen Straßenfeger hinlegen wollen, der alle Fußballübertragungen im Fernsehen vergessen lässt, dann müsste ein „Granatafetz" im Mittelpunkt stehen, der drei Stunden lang so jesasmäßig und zwerchfellerschütternd auf der Bühne umtreibt, dass sich die Bretter biegen.

Fonkafuir

Das Funkenfeuer gibt es am Funkensonntag, dem ersten Sonntag nach Aschermittwoch, und markiert eindrucksvoll das Ende der schwäbisch-alemannischen Fasnet. Bei uns lodert es in Oberschwaben, im Allgäu und im Schwarzwald. Die Wissenschaft hat auch hier gründlich in der Asche herumgestochert und sieht den Ursprung des Brauchs im alten Rom. Zum römischen Jahresanfang am 1. März sei im Tempel der Vesta das heilige Feuer entzündet worden. Die im Volke verbreitete Ansicht, hier werde mit dem Feuer der Winter ausgetrieben, sei grottafalsch. Ich aber sage: Sie ist richtig! Egal, was früher einmal war, was sich heute in den Köpfen ausgebreitet hat, ist auch ein Faktum. Nun ja, das Winteraustreiben ist heutzutage nicht mehr so dringlich, angesichts zentralgeheizter Wohnungen. Früher wurde im Winter noch viel gefroren, da machte ein Freudenfeuer durchaus seinen Sinn, wenn Väterchen Frost peu à peu die Luft ausging. „Funkenfeuer" ist jetzt mehr ein Outdoor-Event mit Glühwein, Musikgedudel, Feuerwerk. Das war in Oberschwaben gleich nach dem Krieg ganz anders. Tage vorher sammelte die Dorfjugend mit einem selbstgezogenen Leiterwagen Brennmaterial ein. Da erscholl der kernige, raue Ruf: „Holz ond Stroh, macht da Fonka hoh". Reisig und Stroh wurden auf einem Hügel außerhalb des Dorfes aufgeschichtet. In der Mitte ragte die Funkenstange mit der Strohhexe auf. Und dann Dunkelheit, aneinandergedrängte Menschen, das erste Glimmen in tiefschwarzer Nacht. Man war wie gebannt von diesem Schauspiel. Das Feuer fraß sich nach oben, schneller und schneller, und griff mit seiner wilden, unbezähmbaren Kraft nach der Hexe. In einer gewaltigen Lohe hob sich der Schatten der Gestalt noch einmal ab, um dann in sich zusammenzusinken. „Fonkafuir! Fonkafuir!" So lange ist es gar nicht her, dass Menschen aus Fleisch und Blut verbrannt wurden. Das Knistern der Flammen wurde übertönt von Schmerzensschreien. Die schwächer und schwächer wurden und schließlich im Knistern erstarben. Für mich hat das Wort auch einen unheimlichen Glanz und einen dämonischen, bösen Klang.

Gebbel, Göppel

Dieses Wort wird nicht jeder kennen. Vielleicht ist es schon halber heh, also weitgehend ausgestorben. Aber vielleicht können wir es hier reanimieren. Ursprünglich war der „Gebbel" oder „Göppel" ein Triebwerk, das von einem Pferd bewegt wurde. Damit konnte eine Dresch- oder Futtermaschine in Gang gesetzt werden. Im 19. Jahrhundert war das eine hochmoderne Sache, aber mit dem Aufkommen der Elektrizität war damit natürlich kein Staat mehr zu machen. „Göppel" bezeichnete jetzt etwas Veraltetes, Überholtes, beispielsweise auch eine vorsintflutliche Nähmaschine.
Ich selbst habe den „Göppel" als Bezeichnung für ein altes Fahrrad kennen gelernt. Das war in der Zeit, als das deutsche Wirtschaftswunder in die Gänge kam. Es ging aufwärts, aber dass ein Fahrrad einmal tausend Euro und mehr kosten würde, war noch jenseits des Vorstellungshorizonts. So ein „Göppel" war schon ein besonderes Vehikel. Das Schutzblech klapperte permanent, das Licht sandte geheimnisvolle Morsesignale aus, die Kette sprang andauernd herab, und das Gefährt hatte einen einzigen, gotzigen Gang! Schon bei kleinen Steigungen musste man absteigen und schieben, wenn man sich nicht einen frühzeitigen Herzinfarkt holen wollte. So ein Fahrrad war also nach heutigen Maßstäben absolut uncool und das krasse Gegenteil von geil. Der „Göppel" hatte jedoch zwei große Vorteile: Irgendwie brachte er einen immer ans Ziel, und er wurde nie geklaut. Er glich einem alten, treuen Klepper, der eigentlich sein Gnadenbrot verzehren sollte, aber immer noch seinem Herrn bis zum letzten Atemzug dienen will. So denke ich mit einer gewissen Wehmut an meinen alten „Göppel" von anno Tobak zurück.
Ich schlage vor, das schöne Wort auf neuere Dinge zu übertragen, die bei unserem rasenden Fortschritt nicht mithalten können. Mein Handy zum Beispiel ist eine solche Antiquität. Mit ihm kann ich nicht fotografieren, nicht online gehen, ja nicht einmal Kaffee kochen. Mit meinem Handy kann ich nur telefonieren. Es ist ein richtiger alter „Göppel".

Geld hehmacha

Zugegebenermaßen ist es keine Selbstverständlichkeit, diese Wörter in unsere Sammlung aufzunehmen. Manche werden bruttelN, dass sie mit dem Kauf des vorliegenden Buches „Geld hehg'macht" hätten. Andererseits gibt es auch im „Fischer", der wahrheitsgemäß für „heh" die unschönen Bedeutungen „vergangen, vernichtet, zerstört, tot" aufführt, einen Silberstreif am Horizont: „Heh ischt heh" sei ein „allgemeiner Trostspruch".

Auf alle Fälle gehört „Geld hehmacha" zum schwäbischen Weltbild wie „schaffa" oder „Häusle". Thaddäus Troll kommentiert kritisch das Verhältnis des Schwaben zum Geld und hat seine Kritik auch sehr augenfällig und drastisch in seinem „Entenklemmer" dargestellt. Der Titelheld würde eher sich selber „hehmacha" als sein Geld.

Andererseits, wer diese beiden Vokabeln im Herzen und im Unterbewusstsein mit sich herumträgt, wird sich nicht wie ein Luftikus und Windbeutel benehmen und sich an seinen hoffnungsvollen Erben versündigen. Es ist kein Zufall, dass die Amerikaner, die „Geld hehmacha" nicht in ihrem Wortschatz haben, in ihre gewaltige Immobilienkrise hineingeschlittert sind, durch die gottsmillionisch viel „Geld hehg'macht" worden ist.

Der Schwabe dagegen, der immer wieder wie in Selbsthypnose zu sich sagt: „Bloß koi Geld hehmacha!", ist gegen solche verhängnisvollen Abenteuer gefeit. Die Wörter „Geld hehmacha" sind zwei ernste, verantwortungsbewusste Freunde, die einen vor dem Schlimmsten bewahren. Eine solche Freundschaft aber ist doch etwas Schönes.

gell

Vom Klang her ist „gell" ein fröhliches Wort, gell? Wenn es häufig beim Schwätza und Hoigada zum Einsatz kommt, klingt das wie ein helles, aufmunterndes Glockengebimmel. Wem dagegen beim Urlaub in Norddeutschland fast zwangsläufig ein „gell" hier und ein „gell" dort herausrutscht, wirkt wie ein Exot. Die Leute schauen auf. Spielt der Herr oder die Dame etwa in einem „Tatort" mit Kommissar Bienzle mit?

„Gell" kommt von „gelten". Wissenschaftlich gesprochen ist „gelt" der unpersönliche Konjunktiv Präsens von „gelten". Eigentlich wird also die Frage gestellt: „Das gilt doch?" Natürlich erwartet man eine Zustimmung und nicht ein verächtliches „awa!" oder gar „Saudomm's G'schwätz, saudomm's!"

„Gell" entspricht dem hochdeutschen „nicht wahr", aber es wirkt freundlicher. Mit dem „nicht wahr" wird einem quasi die Pistole auf die Brust gesetzt: Entweder man bekräftigt die Wahrheit des Gesagten oder bezichtigt den Sprecher geradezu der Lüge. Doch wer kann sich schon anmaßen, die Wahrheit zu kennen, die nach Ansicht mancher Philosophen unerreichbar ist. Zu einem „gell" jedoch kann man zustimmend nicken oder freundlich grinsen. Man hat sich keineswegs festgelegt, und die Konversation plätschert munter weiter.

Grombira

Bei diesem schönen Wort, das, so wie es dasteht, auch italienischen, rumänischen oder suahelischen Ursprungs sein könnte, wird einem ganz wehmütig zumute. Es sind ja die „Grundbirnen", anderenorts „Erdäpfel" genannt, also die Kartoffeln. Die Kartoffel jedoch ist der Grombir ihr Feind, ja ihr Tod, zwar nicht in der Sache, wohl aber im Sprachgebrauch. Hand aufs Herz: Wann haben Sie das letzte Mal von „Grombira" gesprochen? Auf welcher Speisekarte findet man noch das Wort?

„Grombira" ist also eine Antiquität, und zwar eine mit rustikalem Ambiente. Man sieht einen Holztisch ohne Tischdecke vor sich, auf den die Bauersfrau aus einem Topf die heißen, dampfenden Grundbirnen leert. Jeder nimmt sich eine und schält sie. Salz darauf oder in die Milch gebrockt – so haben unsere Altvorderen diniert. Biofood von A bis Z. Sie hätten eigentlich durch die Bank hundert Jahre alt werden müssen.

Heutzutage ist alles anders. Man ist weit weg von den Ursprüngen. Sogar die Kartoffel könnte bedroht sein – durch Pommes. Wer von den Kids weiß heute noch, dass ein Zusammenhang zwischen Pommes und Kartoffeln besteht?

So wie die Dinge liegen, appelliere ich an die schwäbische Rockband „Pomm Fritz", einen stimmungsvollen „Grombira"-Blues zu kreieren. Vielleicht wird das ein Evergreen. Und damit wäre das schöne Wort wieder in aller Munde.

grottafalsch

Ist dieses Wort nun schön – oder grottawüascht? Das ist Ansichtssache. Eine Grott' findet alle Ausdrücke schön, mit denen ihr namentlich gehuldigt wird. Wenn eine Grott' sich über eine andere abfällig äußern will, sagt sie vermutlich: „Bleed's Mensch, bleed's!"
In unserer menschlichen Perspektive dagegen gilt die Kröte als Ausbund der Hässlichkeit (außer der Beurteilende ist Zoologe oder Naturliebhaber, der alle Wesen in sein großes, grünes Herz aufnimmt). Da liegt es nahe, das eine Negativum mit dem anderen, nämlich „falsch", zu verbinden. „Grottafalsch" heißt also: Falscher geht es nicht. Ein absoluter Tiefpunkt ist erreicht.
Andererseits hat das Wort aber auch einen holpernden, rumpelnden, belustigenden Klang. Es ist wie bei einer Pleite im Wirtschaftsleben: Wenn alles futsch und heh ist, hat man die Talsohle erreicht; danach kann es nur noch bergauf gehen.
In früheren, dunklen Zeiten schrieb der strenge Lehrer unter eine total verkorkste Klassenarbeit: „Grottafalsch! Sechs!" Das war zwar sachlich richtig, aber pädagogisch völlig daneben. Heute müsste es beim selben Sachverhalt heißen: „Die Aufgabe 2 hast du originell angepackt! Im Ganzen befriedigend bis gut." Was soll man von dieser menschenfreundlichen Einstellung halten, nach der die ganze feindliche Welt in weiche Watte eingepackt wird, auf dass die zarte Kinderseele ja keinen Schaden nehme? Eigentlich ist da nur ein Kommentar möglich: grottafalsch.

Gruscht & Glomp

Ein originelles, wenn auch etwas liederliches Paar. Entfernte Verwandte sind die Nordlichter Schiet & Dreck, die nun allerdings das untere Ende der Fahnenstange darstellen.
„Gruscht" hängt mit „Rüstung" zusammen und bezeichnete früher Kriegsmaterial, bevor es die Bedeutung „wertloses Zeug" annahm – ein schönes Beispiel für vorbildlichen schwäbischen Pazifismus, gell? Von seinem „Gruscht" erwartet der Schwabe nicht allzu viel, einfach wegwerfen will er ihn aber auch nicht. Man kann ja nie wissen, ob man vielleicht irgendwann noch irgendetwas brauchen kann. Man gruschtelt und gruschtelt auf der Bühne und stößt – ja heidanei! – auf Urgroßmutters Botschamberle, einen Nachttopf also, der auf dem Flohmarkt eine begehrte Antiquität darstellt und jesasmäßig Euro einbringen kann.
Bei „Glomp" ist der Fall allerdings klar. Das „lumpige" Zuigs ist zu nichts mehr nütze (a reacht's Glomp). Etwa die Armbanduhr, die man auf der Straße gefunden hat und über die offensichtlich ein Lkw oder die Straßenwalze gefahren ist.
Aus einem rätselhaften Instinkt heraus hat man das „Glomp" dennoch eingesteckt und mit nach Hause genommen. Immerhin ist der Unterschied zwischen „Glomp" und „Gruscht" fließend, vielleicht ergeben sich später einmal interessante Aschbekte. Vielleicht stellt sich heraus, dass es dem Künschtler Beuys seine Uhr gewesen ist, über die der Dippel mit Fleiß drübergefahren war. Dann ist das vermeintliche „Glomp" ein wertvolles Kunschtwerk, ein wertvolles!

Gsälz

Gsälz könnte man als „Fruchtaufstrich" bezeichnen. Ich nehme hier die Gelegenheit wahr, dem Letzteren den Titel „Das dümmste deutsche Wort" zu verleihen. Natürlich ist die deutsche Sprache nicht an dem Fehltritt schuld. EU-Bürokraten haben uns in ihrer sprachschöpferischen Raserei dieses Unding aufs Auge und den Marmeladengläsern aufs Etikett gedrückt. Da kann ich nur sagen: Leut', schmiert euch euren Fruchtaufstrich sonst wohin, auf unsere Wecka kommt das nicht!

„Gsälz" dagegen klingt bodenständig, vertrauenswürdig und appetitlich. „Gsälz" gibt es schon seit Hunderten von Jahren und wird es immer geben, solange Schwaben ein Gärtle und ein G'lüscht auf Süßes haben. Erdbeergsälz, Himbeergsälz, Kirschengsälz – in Schwaben hängt der Himmel voller Marmeladengläser.

Dabei ist das Wort „Gsälz" schon irgendwie komisch, steckt doch tatsächlich das Wort „Salz" darin. Können die Schwaben alles außer Marmeladekochen? Wenn der Garten wieder mal Unmengen an Früchten hervorgebracht hat, die in kurzer Zeit verarbeitet werden müssen, kann die gestresste Hausfrau schon mal die weißen Körner verwechseln, oder? Allerdings wäre dann das Ergebnis ogenießbar. Und die erwartungsvollen Kinder samt Babba wären kreuznarret.

Keine Bange, auf die schwäbischen Hausfrauen und Omas ist Verlass. „Salz" bedeutet in diesem Zusammenhang nichts anderes als „Konservierungsmittel". Früher schaffte man mit dem Salz, dann fand man heraus, dass auch Zucker zum Haltbarmachen geeignet ist. Gsälz ist süß, war süß und wird süß bleiben. Aber was für eine aromatische Süße das ist! Die Engel im Himmel sollen, wenn sie ihr Halleluja einigermaßen ordentlich gesungen haben, zur Belohnung ein Gsälzbrot kriegen.

G'schäft

„G'schäft" ist natürlich verwandt mit „schaffa". Der strengen Logik des Alphabets gehorchend steht dieses schöne Wort weiter hinten im Büchle. Es empfiehlt sich, erst einmal dieses Kapitel durchzuschaffa, selbstverständlich lustvoll, wie es dem Geiste des Büchles entspricht. Und ja net hudla!

Etzta – fertig? Das G'schäft ist sozusagen die Kristallisation des Schaffens. Nehmen wir ein Beispiel: Sie kommen braungebrannt von einem sechswöchigen Urlaub auf den Bahamas zurück. Eine tolle Sache – aber wie sieht jetzt der Garten aus! Beinahe gleicht er einem karibischen Urwald. Ein Jesasg'schäft wartet da auf Sie.

Es gibt also viel zum Schaffa, dennoch würden Sie nicht zu Ihrer Frau sagen: „Also Elfriede, i gang etzt ins G'schäft." Das klänge wie eine Blasphemie! Das eigentliche G'schäft ist der Laden, das Büro, die Berufsarbeit. Wenn man im G'schäft schafft, ist das das wahre G'schäft.

Der Autoverkäufer geht ins G'schäft, der Lehrer geht ins G'schäft, der Pfarrer geht ins G'schäft, und sogar der Herr Minischterpräsident geht ins G'schäft.

Das G'schäft ist der solide Anker des Lebens. Zwar wird behauptet, die Familie sei noch wichtiger, denn letztlich diene das Schaffa im G'schäft dazu, die Frau und die Gofen zu ernähren und bei Lust und Laune zu halten. Doch das sind bloße Lippenbekenntnisse. Wenn ein so genannter Hausmann sich nur dem Familienleben widmet, kann das im Allgemeinen nur ein Sabbatjahr lang geschehen – dann treibt es ihn unweigerlich wieder ins G'schäft.

guat beianand

Das lässt sich problemlos ins Hochdeutsche übersetzen: „gut beieinander". Schon recht, aber was soll das bedeuten? Es könnte alles Mögliche bedeuten, doch im Schwäbischen bezeichnet man damit eine Person, die anderweitig als „mollig", „vollschlank", „stark" oder gar als „dicklich" und sogar als „fett" charakterisiert wird.
Man beachte, wie dezent und freundlich das Schwäbische mit den Menschen umspringt, die es sich doch wahrhaftig nicht vorgenommen haben, so viele Pfunde wie möglich anzusetzen! „Guat" ist „gut", also erst einmal ein positives Signal. Und „beianand" bringt zum Ausdruck, dass sich verschiedene Teile zusammengefügt haben, wobei die Fügung durchaus einen harmonischen Eindruck machen kann: an allen Stellen eigentlich etwas zu viel, aber immerhin in der richtigen Proportion.
„Beianand" lässt irgendwie auch an „ausanander" denken. Nichts ist endgültig. Die etwas zu dicken Teile könnten sich ja gegenseitig die Gefolgschaft aufkündigen, und am Ende käme ein Mensch mit einer ganz normalen Figur heraus. Aber Obacht! Es nicht mit der Diät übertreiben! „Guat beianand" ist immer noch besser als kläpperdürr!

Guck, Gugga

Der „Fischer" nennt als hochdeutsches Pendant: „Papiertüte" – aber da sieht man gleich den Unterschied. Eine „Papiertüte" – vier Silben! – klingt ziemlich etepetete. Man kann sich vorstellen, wie eine feine Dame mit weißen Handschuhen etwas daraus hervorzieht und womöglich gleich wieder angeekelt zurückschiebt.

Die „Guck" oder „Gugga" dagegen ist eine solide Helferin von echtem Schrot und Korn. Da hat der Mechaniker an einem Auto-Oldie herumgebastelt und den Azubi losgeschickt, um ihm ein Veschper zu holen. Dieser kommt zurück und überreicht es dem Meister, der mit seinen ölverschmierten Händen gleich „aus dr Guck" veschpert.

Die „Guck" ist also eine alltägliche, treue Freundin, die einen nicht dadurch im Stich lässt, dass sie plötzlich auseinanderfatzt. Etwas anders verhält es sich mit dem Nachwuchs, also den „Gickla". Diese können nämlich sowohl nützlich als auch schädlich sein. Wer sich etwa den Fernsehgenuss nur zusammen mit dem, was er aus „de kloine Gickla" herausfischt, vorstellen kann, gerät in Gefahr, sich über die Zwischenphasen „guat beianand" und „Bäuchle" einen jesasmäßigen Ranzen anzufressen. Dieses Wort jedoch können wir unmöglich in unsere Liste der schönsten schwäbischen Wörter aufnehmen, oder?

hählinga

Das bedeutet „heimlich", und der Leser fragt vielleicht, was daran so bedeutungsvoll oder gar schön sein soll. Darauf antworten wir: Etzta! Obacht! Wieder einmal hilft der Vergleich mit dem Hochdeutschen. Nehmen wir mal an, etwas wird heimlich oder gar „in aller Heimlichkeit" vorbereitet. Das klingt doch bedrohlich, oder nicht? Das könnte ein Umsturz sein oder eine Revolution, die in aller Heimlichkeit vorbereitet wird. So etwas dürfte man nicht auf die leichte Schulter nehmen! Und nun ein Schauplatzwechsel: Ein Umsturz wird im Schwabenland hählinga vorbereitet – das ist im Prinzip auch eine gefährliche Sache, aber doch irgendwie eine Nummer kleiner. Man hat das Gefühl, es könnte trotz allem doch noch gut ausgehen, für beide Seiten. Vielleicht ist es nur eine Theaterrevolution, zum Beispiel im „Theater Lindenhof", also letztlich eine Komeede.
Zwar ist hählinga verwandt mit „Hehler" und sogar „Hölle", aber in solche Abgründe führt das schwäbische Wort nicht. Nehmen wir mal den Onkel Alois, der als extremer Geizhals und Entenklemmer gilt. Der größte Sympathieträger in der Verwandtschaft ist er weiß Gott nicht, doch andererseits hat er ja nicht viel, er muss so über die Runden kommen, er ernährt sich in der Hauptsache von alten Wecken, und am Sonntag gönnt er sich ein Stückle Leberkäs. Schließlich stirbt der Onkel, hochbetagt dank seiner gesunden Lebensweise, und siehe da, er hinterlässt ein stattliches Vermögen, das er hählinga angehäuft hat. Reschpekt! Das knickrige Verhalten hatte seinen guten Sinn gehabt. Und die lachenden Erben werden ebenfalls alles daransetzen, dass ihre Vermögenslage ähnlich im Verborgenen bleibt. Hählinga reich sein wie die Reutlinger, heißt es, doch heutzutage gibt es die Reutlinger überall im Ländle. Von der schönsten Seite zeigt sich hählinga allerdings in der Liebe. Was man da im Mondschein oder im Stockdunklen hählinga alles treiben kann, das lässt sich gar nicht mit Worten umschreiben. Oder wenn man partout nach einem Wort sucht, welches all das Nächtliche, Geheimnisvolle und Wunderbare zusammenfasst, dann gibt es nur eines: hählinga.

hano!

Manchmal packt einen die Neugier, und man will wissen, was die Gelehrten dazu sagen, etwa zu einem Wort, das einem jeden Tag ungezählte Male einfach so rausfährt. Man sagt „Hano!" hier und „Hano!" da und weiß im Grunde doch gar nicht, was man sagen will, oder? Ich schlug also in Fischers „Schwäbischem Handwörterbuch" nach und fand bei „ha": „stets unbetonte proklitische Partikel, als Ausdruck des Staunens, Schreckens, der Entrüstung udgl. einen Satz oder eine interjektionelle Wendung einleitend ..." O Heimatland, da ging mir aber 's Zäpfle na! Nachdem ich den ersten Schock überwunden hatte, entfuhr mir ein beherztes „Hano!" – und damit war wieder alles im Lot.
„Hano!" ist wie ein guter Freund, der mit einem durch dick und dünn geht und einem in der Bredouille treu zur Seite steht. „Hano!" scheint auf den ersten Blick unbedeutend zu sein, aber der schlichte Zweisilber hat es in sich. Er hat die saubere Technik eines einfachen, aber wirkungsvollen Boxers: ein kurzes Antippen mit der linken Führhand (ha) und dann kommt die rechte Gerade (nó) – Treffer!
Sie kennen die Situation: Man begegnet einem Schwätzer, der einen mit seinen vielen Worten platt machen will, und er schwätzt und schwätzt, dass einem der Kopf raucht, und es kann etwas Richtiges in seinem Geschwätz sein oder alles falsch, man kommt ja selber gar nicht zum Nachdenken. Dann muss diese Nervensäge der Natur gehorchend einmal eine Pause machen, um Atem zu schöpfen, und in diese Pause hinein sagt man einfach: „Hano!" Treffer! Man hat den Schwätzer aus dem Konzept gebracht. Er probiert es zwar noch einmal und schwätzt noch schneller und noch mehr, aber irgendwann muss er wieder eine Atempause machen, und dann sagt man kurz und trocken ein zweites Mal: „Hano!" Volltreffer! Und das war's dann.
Thaddäus Troll charakterisiert an einer Stelle seines Standardwerks „Deutschland deine Schwaben" seine Landsleute als „unbequeme Untertanen", und das ist alles in allem positiv gemeint. Ha klar, wer allbott „Hano!" sagt, mit dem kann man nicht so leicht das Hugole treiben!

Häusle

Natürlich darf das „Häusle" nicht in unserer Sammlung fehlen. Es ist ja über die Landesgrenzen hinaus in ganz Deutschland bekannt geworden. Eigentlich wäre zu erwarten gewesen, dass Elvis Presley („Muss i denn, muss i denn zum Städtele hinaus ...") mit dem Song „My hausle and me" den Ruhm des „Häusles" in die ganze Welt getragen hätte. Das „Häusle" ist etwas anderes als ein „Häuschen" („Wir versaufen unsrer Oma ihr klein Häuschen") oder als ein „Häuslein" („Es war einmal eine arme alte Frau, die wohnte mutterseelenallein im Wald in einem kleinen Häuslein"). Das „Häusle" kann tatsächlich klein sein, und es kann tatsächlich der Oma gehören, es kann aber auch 300 Quadratmeter umfassen, und ein „Stückle" von 1000 Quadratmetern kann dazugehören.

Das „Häusle" ist vor allem „ebbes Oigenes", ein Fels im Strom der Vergänglichkeit. So ähnlich drücken es die Engländer aus: „My home is my castle" – so großkotzig würde allerdings ein Schwabe nie daherreden. Selbst ein schwäbischer Schlossbesitzer würde sein Schloss als sein „Häusle" bezeichnen.

Der Vollständigkeit halber sei noch darauf hingewiesen, dass mit „Häusle" auch der „Abtritt" gemeint sein kann, wie es der „Fischer" in vornehmer Zurückhaltung ausdrückt. Um Landesfremde, die mit der schwäbischen Mentalität nicht vertraut sind, vor einem kapitalen Missverständnis zu bewahren, sei gesagt, dass die beiden „Häusle"-Begriffe durch Welten voneinander getrennt sind. Der Schwabe schließt nicht einen Bausparvertrag ab, um erst einmal einen Abtritt anzusparen. Nein, der potenzielle Häuslebauer hat von vornherein Großes im Auge: viele Quadratmeter, meist mit viel Eigenleistung in vielen Jahren verbunden. Und selbst wenn das „Häusle" nach Ansicht von geplätteten Besuchern fix und fertig zu sein scheint („Sie hend do jo en richtiga Palascht!"), ist es noch lange nicht fertig: ausbauen, umbauen, anbauen, streichen, neu isolieren, renovieren – das „Häusle" ist eine Lebensaufgabe. Aber das ist ja das Schöne daran.

heidanei!

Das klingt doch so schön wie ein Fanfarenstoß: Heidanei! Es ist ein Wort, das dank seines Klanges auch in fremden Sprachen gut zu verwenden wäre. Natürlich müsste man es anders schreiben, im Englischen vielleicht „highdanigh" und im Chinesischen „hei-da-nei". Selbst wenn der Engländer oder Chinese nicht genau wüsste, was damit gemeint ist, könnte er damit die englische oder chinesische Konversation bereichern und ihr eine interessante Note verleihen. Mit „heidanei" können Sie sich im Schwäbischen, aber auch weltweit als verständnisvoller, beliebter Gesprächspartner erweisen. Nehmen wir an, der Mensch, mit dem Sie sich unterhalten, hat zu einer längeren Rede angesetzt. Dabei möchte er einerseits nicht unterbrochen werden, andererseits wäre es ihm aber schon recht, wenn er Laute der Zustimmung vernehmen würde. Sie können also „hm" sagen oder gelegentlich ein „ja" einwerfen, aber das sind mehr so beiläufige Grunzlaute. Wenn Sie dagegen an einer Stelle „Heidanei!" ausrufen als Ausdruck des Staunens oder der Anerkennung, dann haben Sie gleich enorm gepunktet. Es kann natürlich sein, dass Ihr Gesprächspartner, durch Ihre Akklamation beflügelt, jetzt zu einer neuen Tirade ansetzt – dann müssen Sie mit „Hano!" und „Awa!" gegensteuern, bis er erfolgreich ausgebremst ist.

„Heidanei" ist ja eigentlich, man sollte es kaum glauben, ein halber Fluch. Jemand will eigentlich „Heilandsack!" rufen, was nun wirklich starker Tobak ist. In letzter Sekunde fällt ihm jedoch ein, dass er mit einem solchen Unwort seine Sündenlast vermehren würde. Die erste Silbe ist leider schon draußen, da waren die Emotionen einfach zu stark, aber mit den folgenden Silben kann ja noch alles verunklärt werden. Und siehe da, das Endergebnis ist der schöne, helle Fanfarenstoß, der auch vortrefflich mit den Hosianna-Chören der himmlischen Heerscharen harmonieren würde.

Heiligsblechle

Dieses Wort ist der Beweis, dass man im Schwäbischen auch manierlich fluchen kann. Wenn der Herrgott es hört – und bekanntlich hört er alles –, wird er sagen: „Der Lauser, der!", aber von einem tadelnden Eintrag ins Buch des Lebens Abstand nehmen. Die Sache funktioniert wie bei „heidanei".
Aber bei „Heiligsblechle" kommt noch allerlei Interessantes dazu. Das „Blechle" ist nicht bloß ein aus der Not geborenes Blödsinnswort, sondern hat einen kulturhistorisch bedeutsamen Hintergrund. Schon im Mittelalter gab es eine Art Hartz IV und einen entsprechenden Ausweis. Natürlich war es damals mit dem Digitalisieren noch nicht so weit her, deshalb verwendete man als Basismaterial Blech. Also, die Kirche gab an Arme Blechmarken aus, die zu Armenspeisung und weiteren Vergünstigungen berechtigte. So ein Blechle war natürlich sehr begehrt, und da es mit der Kirche zusammenhing, erhielt es den Namen „Heiliges Blechlein". Da kann man als moderner Mensch nur den passenden „Ausruf bei Verärgerung, Verwunderung, Bedauern" (wie der „Fischer" sagt) verwenden, nämlich „Heiligsblechle!"
Damit war die Geschichte aber noch nicht zu Ende. Die Herren Daimler und Benz erfanden nämlich das Automobil, das ja bekanntlich aus sehr viel Blech besteht. Gesucht wurde jetzt ein persönlicher, liebevoller Name für das Gefährt, der auch den hohen Rang im Wertesystem des stolzen Besitzers zum Ausdruck brachte – da kam das altvertraute „Heiligsblechle" gerade recht.
Übrigens, wenn ein Fremdtäter am „Heiligsblechle" eine Schramme von der Länge eines „Muckaseckales" verursacht, fängt der schwäbische Autobesitzer an jesasmäßig zu fluchen. Dabei verwendet er keineswegs das im Prinzip mögliche „Heiligsblechle". Dieses halblebige Flüchle wäre bei einer solchen Granatasauerei überhaupt nicht angemessen. Die adäquaten Flüche jedoch sind so schauerlich, dass sie hier rigoros unterdrückt werden müssen.

Hocketse

Ob das jetzt ein besonders schönes oder besonders unschönes Wort ist, kommt auf den eigenen Stand- oder vielmehr Sitzpunkt an. Das Wort soll sich ja nach Ansicht mancher Gelehrter von dem Satz „Do hocket se" herleiten. Etzale, wenn Sie sich nach einer strammen Wanderung auf der Schwäbischen Alb einer schönen Gartenwirtschaft unter schattigen Bäumen nähern und dann feststellen müssen, dass bereits alle Tische und Bänke besetzt sind, dann wird Ihnen der Satz entfahren: „Do hocket se!" und er wird wie eine Verfluchung klingen.

Umgekehrt, wenn Sie sich selbst unter den genießerisch Hockenden befinden, werden Sie kein Mitleid mit dem heranlatschenden Dippel haben. Bei einem guten Veschper und einem guten Viertele klingt „Hocketse" wie Musik in Ihren geröteten Ohren.

Wenn man ehrlich ist, muss man natürlich zugeben, dass Hocketse reichlich derb klingt und an Holzhacken erinnert. Ist jedoch das Mobiliar durchweg aus Holz, hat alles seine Richtigkeit. Rau, ehrlich, gemütlich – was kann schöner sein? In einem feinen Café ist eine Hocketse nicht denkbar. Bei solcher Gelegenheit fällt einem ein anderes schönes Wort ein, nämlich Zammasitza.

hoigada

Das klingt schon beinahe wie das berühmte „heureka" des Archimedes: Ich hab's gefunden! Vor Freude über seinen Fund sei der berühmte Physiker splitternackt durch die Stadt gelaufen. Hano! Das hätte ein schwäbischer Tüftler wie der Daimler oder der Bosch nie getan! Mit der Parallele zum Griechischen müssen wir also auf einem Holzweg gelandet sein.

„Hoigada" ist der Heimgarten, der heimische Garten. Man schafft im Haus, dann geht man in den Garten und schafft da. Und was macht der Nachbar? Genau dasselbe. Da liegt es doch nahe, dass man auch mal die Schaufel aus der Hand legt, zum Gartenzaun geht und für ein Momentle (das auch etwas länger dauern kann) mit dem Nachbarn schwätzt, über Gott und die Welt, über die Politik und Stuttgart 21 und über hochinteressante, pikante G'schichtla aus 'm Städtle: Hend Se's au scho g'hört ...?

„Hoigada" ist nicht nur die Örtlichkeit (großgeschrieben), sondern kann auch die Tätigkeit des gemütlichen Schwätzens bezeichnen (kleingeschrieben). Wer regelmäßig „hoigadet", tut etwas für eine gute Nachbarschaft und sein seelisches Gleichgewicht. Das oben beschriebene „Hoigada" hat überdies einen großen ökonomischen Vorteil: 's koschtet nix! Das soll nicht heißen, dass man bei einem gemütlichen Schwätzle an einem anderen Ort als dem des Heimgartens nicht auch etwas für ein Viertele springen lassen darf. Der Übergang zur „Hocketse" ist dann fließend.

Übrigens gibt es auch eine schwäbische Rockband, die sich „Hoigada" nennt. In einem ihrer Songs wird die Liebe besungen. Der Titel heißt treffenderweise „Muggaseggele", ein Beweis dafür, dass der schwäbische Schöpfergeischt die kühnschten Verbindungen herstellt und den Nagel akkurat auf den Kopf trifft.

Hoimet

Ja, was soll man viel erklären und begründen, warum „d' Hoimet" hierher gehört? Dem einen wird es warm ums Herz, der andere bekommt feuchte Augen, und der dritte nimmt seine Hohner-Mundharmonika und spielt eine wehmütige Weise, weil man mit Worten eigentlich nicht ausdrücken kann, was alles in „Hoimet" steckt.
Wir probieren es trotzdem und nehmen dabei die Hilfe eines großen Heimat-Interpreten in Anspruch, nämlich Freddy Quinn. Dieser singt auf Hochdeutsch, deshalb erlauben wir uns, ihm einen schwäbischen Chorus zur Seite zu stellen, sagen wir zwei Musiker vom Melchinger „Theater Lindenhof", die für den richtigen schwäbischen Touch sorgen. Etzta, fanget au a!

Brennend heißer Wüstensand,
O jemine! Guat Nacht um sechse!
fern, so fern das Heimatland …
O Heimatland! Der arme Kerle!
Dort, wo die Blumen blühn,
Im Gärtle! Uff 'm Wiesle!
dort wo die Täler grün,
Dr Necker! Dr Kocher! Die Riß!
dort war ich einmal zu Hause.
Wa bischt denn au wegganga, du Bachel?
Wo ich die Liebste fand,
Mei Schätzle! Mei Schneckle! Mei Aminaschlupferle!
dort ist mein Heimatland …
D' Hoimet eba, d' Hoimet, i sag's jo!

Hoinza

In anderer Schreibweise und Aussprache wäre das „Heinza". Aber auch das sagt der jüngeren Generation vermutlich nichts. Es ist ein Begriff aus der früheren Landwirtschaft und bezeichnete ein kegel- oder pyramidenförmiges Holzgestell, auf dem Heu getrocknet wurde. Heutzutage wird das Heu gleich maschinell in Kunststoff eingepackt. Die dabei entstandenen Ballen liegen unter Umständen eine Zeit lang auf der Wiese herum, was auch sehr apart aussieht und an moderne „Land Art" erinnert.
Aber die „Hoinza" von damals bedeuteten erheblich mehr! Sie stellten eine Art Kinderparadies dar, in dem man sich vortrefflich und mit den einfachsten Mitteln (also ohne Handy, Joystick oder iPad) zu amüsieren verstand. Man konnte zum Beispiel „Verschlupfa" spielen. Wenn man unten hineinkroch, war man futt, wie vom Erdboden verschluckt, und der Suchende hatte es nicht leicht, da all die vielen „Hoinza" ziemlich ähnlich aussahen.
Aber auch als Individualreisender konnte man Gefallen daran finden. Hineinschlupfen und es sich in dem Unterstand gemütlich machen. Es war ein richtiges Häusle. Hatten unsere Vorfahren nicht auch so ähnlich angefangen? Ein paar Holzstangen, die ein Blätterdach erhielten. Ein Häusle mit hundert Prozent Eigenleistung, ganz ohne Bauspardarlehen von Wüstenrot oder Schwäbisch Hall.
Nach einiger Zeit trieb es einen wieder hinaus, denn unweigerlich gerieten ein paar g'sterrige Halme unters Hemd, kitzelten fürchterlich und beendeten die anfängliche Gemütlichkeit. Doch mit dieser Urerfahrung erwachte in einem der Wunsch, später ein eigenes Häusle zu besitzen. Ach, die „Hoinza"! Sie waren stille, gutmütige Freunde …

holla

Damit kein Missverständnis aufkommt: Gemeint ist hier nicht der hochdeutsche Ausruf („Holla, Bursche, bring' Er mir mein Pferd aus dem Stall!"), sondern das schwäbische Pendant zu „holen".
Eine kleine Geschichte zur Illustration: Vor der Kreissparkasse Biberach sah und hörte ich einmal zwei Omas mit Einkaufstaschen. Sie waren vielleicht auf dem Wochenmarkt gewesen und wollten jetzt ihre Portemonnaies auffüllen. Die beiden waren gut gelaunt. Die eine sagte zur anderen: „Wemma no holla ka!" Gemeint war: Geld.
In der Tat, das ist ein schönes „holla", vorausgesetzt, man hat etwas auf der hohen Kante. Das war hier offensichtlich der Fall. Ich glaube aber nicht, dass sich die Omas ihre Geldbeutel mit Hunnis vollstopften, um dann die Biberacher Boutiquen leerzuräumen. Nein, das waren vernünftige, maßvolle Leute. Schlanke, drahtige Gestalten mit null Gramm Übergewicht. Auf dem Markt hatten sie vielleicht Salat und gelbe Rüben gekauft und beim Metzger ein Pfund Siedfleisch.
Dieses vernünftige, maßvolle „holla" unterscheidet sich grundsätzlich von dem gierigen, nimmersatten „holen", das schlaue Manager gewisser Pleitebanken praktizieren. Jenes skrupellose „holen" erinnert doch fatal an „hohl". Wo man sich Anstand, Fairness und Moral erhofft, ist es dort bloß hohl.
Wer ist nun glücklicher? Einer, der sich seine Millionen mit allen Tricks „holt", oder einer, der sich mit einem bescheidenen „holla" begnügt? Ich glaube, in puncto Lebenskunst und Zufriedenheit haben die Omas die Nase vorn.

Hondle

Alle Hundebesitzer werden sich einig sein, dass dieses schöne Wort unbedingt in unsere Sammlung hineingehört. Unter „Hondle" stellt man sich im Allgemeinen etwas Kleineres vor, aber auch der Besitzer eines ausgewachsenen Rottweilers wird gelegentlich von seinem „Hondle" sprechen – was bei den Zuhörern ein wohlwollendes, leicht ungläubiges Lächeln hervorruft.
Ein „Hondle" ist kein scharfer Jagd- oder gar Bluthund, sondern ein Hausfreund und ein Familienmitglied. Das „Hondle" ordnet und strukturiert das Familienleben. Es muss regelmäßig raus, um sein G'schäftle zu verrichten. Dann muss auch sein zur Bequemlichkeit neigender Mensch mit raus, was wiederum seiner Gesundheit dient und dem eigenen Stuhlgang förderlich ist.
Man kann sein „Hondle" streicheln, dann guckt es treuherzig nach oben und wedelt mit dem Schwänzle. Wenn das „Hondle" traurig ist, ist auch sein Mensch traurig, und wenn sich das „Hondle" freut, freut sich die ganze Familie.

It luck lau

Wieder wird derjenige, der nichts kann außer Hochdeutsch, dastehen wie ein Ochs vor einem unbezwingbaren linguistischen Gebirge. Was um Himmels willen soll das bedeuten? Wir lassen gleich die Sau raus und verraten, was gemeint ist: „Nicht locker lassen". Hermann Wax spricht treffenderweise von der „schwäbischen Durchhalteparole". Manchmal ist die Situation so aussichtslos und verzweifelt, dass man nicht mehr weiß, an welchen Strohhalm man sich klammern soll. Der VfB Stuttgart, unser fußballerischer Paradeverein, findet sich plötzlich am Ende der Bundesligatabelle wieder. Ein Trainer nach dem anderen versucht, den Karren aus dem Dreck zu ziehen. Scheinbar vergebens. Was würde da ein beinharter oberschwäbischer Ausputzer sagen, wenn er in der Mannschaft stünde? „It luck lau!"
Unvergesslich wird mir auch die Situation auf dem Schulhof vor etlichen Jahrzehnten sein, als man den Begriff und die Tatsache des Mobbings nicht kannte, sondern noch im klaren Kampf Mann gegen Mann Ehrenhändel austrug. Letzten Endes lief es immer auf eine Art des Ringens hinaus, denn selbst wenn man einen schönen Fausthieb gelandet hatte, ging der Gegner nie k. o., sondern rettete sich boshafterweise in den Clinch.
Meine ringerischen Fähigkeiten waren bescheiden. Allerdings beherrschte ich einen wirksamen Griff, nämlich den Schwitzkasten, mit dem ich so manchen Strauß für mich entscheiden konnte. Wenn ich so weit war, sagte ich mir: „It luck lau!", denn sonst würde sich die Auseinandersetzung nur unnötig hinziehen. War ich allerdings selbst in den gegnerischen Schwitzkasten geraten, besann ich mich auf die hochdeutsche Weisheit: Der Klügere gibt nach …

i-Tüpfele-Scheißer

Diesen schönen, anschaulichen Ausdruck dürfte auch ein Nichtschwabe auf Anhieb verstehen. Klar, gemeint ist ein Pedant, ein Erbsenzähler, ein Korinthenkacker. Auch diese Wörter haben ihren Charme, dennoch habe ich das Gefühl, dass unser „i-Tüpfele-Scheißer" seinen Bedeutungsverwandten den Rang abläuft.
Eine Erbse ist zweifellos eine kleine Einheit, die Korinthe ist die kleinste Rosinenart, doch mit dem „i-Tüpfele" gerät man sozusagen in den mikroskopischen Bereich. Wenn der „i-Tüpfele-Scheißer" tatsächlich das ihm zugeschriebene Kunststück fertig brächte, könnte er damit im Zirkus auftreten. Allein, selbst mit den schärfsten Ferngläsern wären wir nicht in der Lage zu erkennen, ob der Artist seinen Anspruch einlöst.
Das i-Tüpfele ist übrigens in der Entwicklung unserer Schrift eine nicht unbedeutende Erfindung gewesen. Es hat die Lesbarkeit verbessert. Man kann sich selbst ein Bild davon machen, wenn man ein historisches Dokument entziffern will, das ohne den kleinen hilfreichen Fliegenschiss auskommt.
Genauigkeit und Präzision sind schwäbische Tugenden, Garanten für den Erfolg beim Bosch oder beim Handtmann. Wer es allerdings damit übertreibt, macht sich bei seinen Mitmenschen unbeliebt und gilt dann eben als „i-Tüpfele-Scheißer". Man beachte den feinen Unterschied: Es ist zwar von „Tüpfele" die Rede, nicht aber von „Scheißerle". Das Letztere hat einen ganz anderen Klang. Es ist nämlich ein Kosewort unter verliebten Schwaben. Gell, do gucket Se!

I mag di

Das sind gleich drei Wörter, drei auf einen Streich. Jedes für sich ist vielleicht nicht so bedeutend, zusammen aber entwickeln sie – ja heidanei! – eine Mordspower! Wer diesen magischen Spruch zur rechten Zeit (zum Beispiel bei Mondschein) im richtigen Tonfall (gehaucht oder gebrummt aus der Tiefe der bebenden Seele) vorbringt, landet unweigerlich sechs Richtige bei der Angebeteten.

Auf Hochdeutsch heißt es ja: Ich liebe dich. Das gilt allgemein auch als sehr schön und ist gewissermaßen durch die Tradition geheiligt, und es gibt Stimmen, die sagen, bei einer solch ernsten Angelegenheit sei die schwäbische Variante einfach zu lau und unentschlossen. „I mag di" könne man schließlich auch zu seinem Hondle oder zu seiner Flädlessupp' sagen. Also, so dumm rausschwätzen kann nur einer, der von der schwäbischen Liebe und der schwäbischen Sprache ratzeputz nichts versteht. Ist es nicht eine musikalische Wohltat, wenn sich der raue ch-Laut am Anfang und am Ende in nichts aufgelöst hat? Ich und dich – das klingt doch beinahe so, als hätten sich zwei an der Gurgel – nichts für ungut. Wir können es zwar nicht wissen, aber vermutlich bevorzugen auch die Engel im Himmel das melodisch-schwäbische „I mag di", wenn das Besingen der Nächstenliebe auf dem Programm steht.

Das Schöne an „I mag di" ist überdies, dass es einem ein Hintertürle offen lässt. Es kann ja auch sein (und passiert übrigens des Öfteren), dass man sich Hals über Kopf in ein Liebesabenteuer stürzt, jedoch später feststellen muss, dass man sozusagen auf das falsche Pferd gesetzt hat. Wer nun gleich zu Beginn der Affäre wie auf der Opernbühne ein „Ich liebe dich!" hinausgeschmettert hat (womöglich noch unter Beisein von Zeugen!), steht dumm da. Dagegen ist ein im Mondschein dahingebrummtes „I mag di" viel leichter zu handhaben. I mag di, ha klar! Aber so, wie du bischt – wer mag di net? Also mit „I mag di" hat man alle Optionen, und das macht die drei Wörter so liebenswert. Wenn Sie mich fragen: I mag se.

jesasmäßig

Ist der Schwabe katholisch, evangelisch oder wenigstens fromm? Schwer zu sagen, es gibt sotte und sotte. In manchen religiösen Angelegenheiten nimmt er es sehr genau, in anderen dagegen ist er eher lässig oder sogar wurschtig.
Im zweiten Gebot heißt es ja, man solle den Namen des Herrn nicht missbrauchen. Im Falle der Nichtbeachtung wird mit harten Konsequenzen gedroht. Im Großen und Ganzen hält man sich in Schwaben daran. Andererseits wird das Adjektiv „jesasmäßig" in einer Weise verwendet, die den Nicht-Schwaben verblüfft.
So wird zum Beispiel von einem „jesasmäßigen Rausch" oder auch einem „Jesasrausch" gesprochen, wenn sich jemand unmäßig viele Viertele hinter die Binde gegossen hat. Nach Quellenlage passt ein solcher Vergleich überhaupt nicht zur Vita des Gottessohnes. Liegt also ein Verstoß gegen das Gebot vor? Wird der Herrgott einen Jesaszorn kriegen und die Verbalsünder mit Blitz und Donner bestrafen?
Offensichtlich sieht man die Angelegenheit von beiden Seiten nicht so eng, weder aus schwäbischer noch aus himmlischer Perspektive. „Jesas" ist hier ganz profan zu verstehen, es drückt einfach einen hohen Grad von etwas aus. Es ist „jesasmäßig" heiß, man hat „jesasmäßig" im Garten geschafft, oder eine Partei ist bei der Wahl „jesasmäßig" unter die Räder gekommen, egal, ob sie nun christlich oder unchristlich orientiert war.
Wegen der beiderseitigen Toleranz von oben nach unten und umgekehrt ist „jesasmäßig" ein schönes Wort. Ist es etwa gottsmillionisch schön? Ha, etz kommet Se! Übertreiben wollen wir nun auch nicht!

jucka, keia, saua

Die hochdeutschen Entsprechungen sind: „springen", „werfen" und „laufen". Woran denkt man da automatisch? An die alljährlich stattfindenden Bundesjugendspiele, die seit 1951 veranstaltet werden. Schüler, also auch schwäbische Schüler, sollen unter Beweis stellen, zu welchen Leistungen sie bei diesem Dreikampf fähig sind.
Nun findet ein junger Schwabe die Aufforderung, zu werfen, zu springen und zu laufen, nicht sehr motivierend, ja geradezu uncool. Wieso soll er sich für diese hochdeutschen Zielsetzungen ein Bein ausreißen? Sobald es aber heißt: „jucka, keia, saua", besinnt er sich auf seine großartigen Vorfahren. Wieso gelang es den Alamannen, den römischen Limes zu überrennen? Weil sie den römischen Legionären in allen drei Disziplinen überlegen waren. Erst kam ein beherztes „saua" (Richtung Limes), dann ein kraftvolles „keia" (des Speers) und schließlich das beschwingte „jucka" (Überspringen des Grabens).
Die Etymologie der drei Wörter gibt nicht so viel her. Für „saua" haben wir immerhin eine plausible Erklärung (siehe dort). Bei „jucken" stellt der „Kluge" lakonisch fest: „Herkunft unklar". Bei „keia" dagegen erfährt man einfach zu viel: Der althochdeutsche Wortstamm soll auf „heiraten" hinweisen, und im 14. Jahrhundert habe sich die Bedeutung auf „beschlafen" verengt. Solche sprachlichen Feinheiten sollte man den Gofen nicht aufdrängen, sonst kommen sie noch auf falsche Gedanken und liefern beim sportlichen „keia" nur mäßige Leistungen.

Kaffeele

Natürlich dürfen wir in unserer Sammlung nicht zu viele Wörter mit der verkleinernden Endsilbe „le" aufführen, sonst entsteht noch der Eindruck, im Ländle gehe es allzu niedlich zu. Aber dieses Wort muss unbedingt hinein, da werden mir alle schwäbischen Omas Recht geben.
Das Ursprungswort „qahwa" haben die Araber geschaffen, was ja irgendwie logisch ist, denn sie haben schließlich mit dem Kaffeetrinken angefangen. Allerdings war die Sachlage damals insofern noch etwas verworren, als mit dem Wort auch „Wein" bezeichnet werden konnte. Hano! Über Italien und Frankreich gelangte das Wort zu uns. In Schwaben wurde die notwendige Klarheit geschaffen: Wenn Sie im Lokal Wein wollen, bestellen Sie ein Viertele, im anderen Fall „a Tass' Kaffee".
Ein „Kaffeele" würde man im Lokal nicht ordern, das wäre nicht amtlich genug. Vielleicht würde man dann nur ein Kindertässle vorgesetzt bekommen. Ein „Kaffeele" gibt es bei der Oma, dazu noch einen selbst gebackenen Träubles-, Zwetschgen- oder Apfelkuchen, je nachdem was der Garten gerade hergibt. Beim „Kaffeele" erzählt die Oma von früher, als sie noch ein kleines Mädle war. Fast unglaubliche Storys! Wie sie zu Weihnachten ein paar Gutsla, Breedla und ein neues Schürzle bekam und damit zufrieden war! So ein „Kaffeele" bei der Oma hat etwas Märchenhaftes.
Das Schöne an dem Wort ist ferner, dass von der Aussprache her auch ein „Caféle" gemeint sein kann, also so ein altmodisches Café mit Plüschpolstern und Lampen von Anno Tobak, wo die Omas ihren Stammtisch haben, Kaffee und Kuchen einfahren und sich mit roten Bäckchen die neuesten Geschichten und solche von vor sechzig Jahren erzählen …

Kehrwoch

Dieses wuchtige Wort könnte natürlich kontrovers diskutiert werden. Die einen sagen, es sei eines der schönsten schwäbischen Wörter, die anderen dagegen, es sei das scheußlichste. Wer aber das Letztere behauptet, ischt ein Erzschlamper, ein Haderlomp ond a Drecksau, a dreckete!
Sodele, nachdem das geklärt ist, können wir uns den Schönheiten des Wortes zuwenden. Schön ist auf alle Fälle die Entschiedenheit am Ende. Bei „Woche" (wenn es so heißen würde) wäre ja hintendran noch so eine Art Schwänzle, als müsste man die Sache nicht so ernst nehmen. Bei „Woch'" dagegen gibt es kein Entrinnen. Entweder man macht seine „Kehrwoch" ordentlich, oder man gehört in ein tiefes, finsteres Loch, wo all der Gruscht drinnen ist, den man nicht weggekehrt hat!
Die „Kehrwoch" gibt dem Jahr, das bei unzivilisierten Völkern ohne „Kehrwoch'" so dahinplätschert, ohne dass man weiß, was eigentlich geschehen ist, Struktur und festen Halt. Man weiß: In vier Wochen hat man wieder „Kehrwoch". Das ist wie Vollmond und Neumond, also quasi ein Naturgesetz. Der Rest des Jahres wird durch Feiertage, Geburtstage, Urlaubs- und Krankheitstage gegliedert, aber das ist vergleichsweise sekundär.
Die schwäbische Tüchtigkeit hat nicht zuletzt ihren Ursprung in der disziplinierten Einhaltung der „Kehrwoch". Theoretisch könnte auch der Schwabe in Gefahr kommen, sich einem Lotterleben hinzugeben. Sowie aber das Schildle mit dem aufgemalten Kehrwisch nebst Kutterschaufel an der Wohnungstür hängt, besinnt man sich wieder auf die eigentlichen Werte.
Die schwäbische „Kehrwoch" sollte zum Weltkulturerbe ernannt werden, dann könnten sich die anderen Völker daran orientieren und aufrichten.

Knauzawecka

„Knauzawecka" ist auf Hochdeutsch „Knauzenwecken". Alles klar? Nein?? Dann müssen wir etwas ausholen. Knauzenwecken sind Brötchen aus Dinkelmehl. Fast schon wie beim Reinheitsgebot für Bier kommt zum Grundmaterial nur wenig dazu, nämlich Salz, Wasser und Hefe. Das klingt einfach, und tatsächlich werden im Internet Rezepte zum Selbermachen angeboten. Aber Obacht! Ich würde die Finger davonlassen und mir lieber die perfekten Endprodukte von einem Biberacher Bäcker kaufen, denn man sollte beim kräftezehrenden Kneten nicht hudeln und die Geduld aufbringen, den Teig zwanzig Stunden ruhen zu lassen.

Von der Form her sind die Knauzawecka archaisch. Als hätten sich im Laufe der Evolution quallenartige, ausgebeulte Urviecher für den Landgang entschieden und lägen nun unbeholfen wie gestrandete Robben im Bäckerregal. Doch schmecken tun die Dinger teuflisch gut! Außen kross und innen weich – ein getreues Abbild des schwäbischen Charakters. Wenn dann noch eine heiße Schützenwurst dazwischengeklemmt wird, wähnt man sich im oberschwäbischen Schlaraffenland. Unter diesen Umständen lasse ich auch mal meinen gewohnten Kaviar mit Champagner einfach stehen.

Wenn etwas so gut schmeckt, kann es eigentlich heißen wie es will, man würde das Wort in jedem Fall lieben. Das Backwerk könnte auch Wurzelprutz oder Bäckerstolz heißen – die Leute würden sich nicht entblöden, so etwas im Bäckerladen zu artikulieren. Aber Gott sei Dank heißt das Zauberding Knauzawecka, und damit wird der Wecka punktgenau auf den Knauz' getroffen. En guata!

koscht nix

Dies ist ein schönes Beispiel, wie die schwäbische Mundart – so wie die schwäbische Küche auch – aus scheinbar unbedeutenden oder gar bedenklichen Zutaten eine Köstlichkeit zaubert.

„Nix" ist ja, wie das Wort ausdrücklich sagt, nichts. Und mit „koschta" verbindet der Schwabe unschöne Assoziationen und schlimme Befürchtungen. Aber wie in der Mathematik gilt auch hier: Minus mal minus gleich plus.

„Koscht nix" ist eine handliche Abkürzung für „Des koschtet nix." Nehmen wir mal an, es gibt eine kulinarische Messe, die einen brennend interessieren würde. Am Eingang macht man sich innerlich schon auf das Schlimmste gefasst. Der Eintritt könnte fünf oder gar zehn Euro betragen. Und nun sagt der Pförtner einfach: „Koscht nix." Da möchte man dem Mann doch am liebsten um den Hals fallen, oder nicht? Und in der Messehalle geht es in diesem Stil weiter. Ob am spanischen, ungarischen oder thailändischen Stand, überall heißt es: „Koscht nix." Denn wenn auch die Schwäbischkenntnisse der Ausländer sehr rudimentär sind, „Koscht nix" haben sie alle im Repertoire.

Johann Peter Hebel – ein Badener, also fast schon ein halber Schwabe – hätte sicher wie bei seinem „Kannitverstan" aus „Koschtnix" eine schöne Kalendergeschichte gemacht.

Kuchel

Für mich heißt es ja „Kuche", aber sowie ich einmal in späterer Zeit von einem Menschen aus dem östlichen Teil Schwabens das Wort „Kuchel" hörte, blieb es mir unvergesslich. Es war Liebe auf den ersten Blick. Ich gebrauche das Wort nicht immer, sondern nur, wenn es mir aus irgendeinem Grund gerade einfällt. Dann aber wird mir warm ums Herz, und vermutlich geht ein Strahlen über mein Gesicht.

Die „Kuchel" ist natürlich keine „Leicht"-Designerküche. Es ist Omas Kuchel, in der die fabelhaften, wohlschmeckenden Speisen hergestellt werden, bei deren Anblick uns gleich das Wasser im Munde zusammenläuft: Spätzle, Kartoffelsalat, Maultaschen, saure Leber, Gaisburger Marsch, Flädle, Kratzede, Dampfnudeln, Ofenschlupfer, Apfelkuchen, Träubleskuchen – ich muss hier abbrechen, sonst kann ich vor lauter Appetit nicht mehr weiterschreiben.

Omas Kuchel sieht aus wie eine Kuchel vor fünfzig Jahren. Und es ist tatsächlich eine Kuchel aus dieser Zeit, denn Oma hat nie einen Anlass gesehen, sich von den schlichten weißen Möbeln, dem Elektroherd und dem Backofen zu trennen. Alles funktioniert noch. Möglicherweise steht in der Kuchel noch ein Holzherd mit den legendären Herdringen. Manche Gerichte gelängen damit einfach am besten, sagt sie.

Es ist ein Rätsel, wie sie mit diesen vorsintflutlichen Gerätschaften so köstliche Speisen zustande bringt. Es muss am Genius loci liegen, also an der Kuchel. Oder auch an Oma.

kuhnacht

Um es gleich klarzustellen: Es handelt sich hier nicht um die Kúhnacht in Parallele zur Maiennacht oder Hochzeitsnacht. Gemeint ist auch nicht ein brandneues Musical, in dem sich liebestolle Rindviecher zu heißen Diskorhythmen auf der Bühne drehen.
„kuhnacht" ist ein Adjektiv, wird auf der zweiten Silbe betont und bedeutet: sehr, sehr finster. Wiederum ist die Etymologie ziemlich ernüchternd. Der erste Wortteil leitet sich nämlich vom oberdeutschen „kau" ab, und das bedeutete „Gefängnis". Gefängnisse früher waren noch keine gut ausgeleuchteten Hochsicherheitstrakte, sondern dunkle Löcher. Das Wort „kau" wurde später nicht mehr richtig verstanden – man machte eine „Kuh" daraus.
Hier ist zu beobachten, wie der sprachschöpferische Genius des Volkes die platte Wirklichkeit poetisiert. „kuhnacht" – das ist so finster wie im Ranzen einer Kuh. Ist das nicht eine kühne, atemberaubende Projektion, denn wer von uns ist schon einmal im Inneren einer Kuh gewesen und hat sich dort umgesehen? Allenfalls hatte der Prophet Jonas im Inneren eines Walfisches Vergleichbares erlebt. Daraus hätte das Adjektiv „walnacht" werden können, doch ist dieses Wort ungeboren geblieben.
Wenn wir „kuhnacht" sagen, senkt sich undurchdringliche Finsternis herab. Mitten in Schwaben ist es dann so dunkel wie im tiefsten Afrika.

Ländle

Das klingt herzig und auf alle Fälle inniger als das offizielle „Baden-Württemberg". Doch ursprünglich waren die Verhältnisse gar nicht so idyllisch. Als im Jahre 1951 der Südweststaat aus der Taufe gehoben wurde, fühlten sich die Badener, auf alle Fälle die Altbadener im Süden, hinterlischtig von den gerissenen Schwaben über den Tisch gezogen. Von einem „Ländle", in dem alle einträchtig und gemütlich zusammenlebten, konnte damals keine Rede sein.

Aber die Zeit bewirkt ja Wunder. Als im Jahre 1970 in Baden noch einmal nachgefragt wurde, wollten nur noch 18 Prozent der Badener aus dem „Ländle" raus, 80 Prozent dagegen hatten sich an die Schwaben gewöhnt und wollten mit ihnen vereinigt bleiben. Etz isch recht!

Wie war der Sinneswandel zu erklären? Es werden mancherlei Gründe aufgeführt, einer jedoch ist bislang noch nicht gebührend gewürdigt worden: Es war der Zauber des Wortes „Ländle". Hören Sie sich mal das an: „Es war einmal ein ‚Ländle', da hatten es die Menschen, ob sie sich nun Badener oder Schwaben oder sonst wie nannten, gut ..." Ja Herrschaftssechse, wer möchte nicht an dem Glück teilhaben, in einem solchen wunderbaren kleinen Land zu leben? Außenstehende sprechen anerkennend und auch ein wenig neidisch vom „Musterländle". Bescheiden, wie Badener und Schwaben sind, würden sie dieses hochtrabende Wort nicht aktiv gebrauchen. Aber hören tut man's gern. Ha jo, falsch isch's grad' net ...

laufa lau

Nein, das ist nicht portugiesisch oder chinesisch, sondern schwäbisch und heißt nichts anderes als „laufen lassen". Die Einzelwörter geben (scheinbar) nicht so viel her, in der Verbindung jedoch drücken sie etwas sehr Tiefsinniges aus: schwäbische Gelassenheit, ja weise Entrücktheit.
Die Geschäftigkeit des Schwaben ist sprichwörtlich und deutschlandweit so bekannt, dass jener andere Pol seines Naturells oft in Vergessenheit gerät. Dabei ist der Schwabe durchaus in der Lage, sich auf das Brückengeländer zu lehnen, sinnierend auf das unaufhörlich strömende Wasser des Neckars oder der Riß zu blicken und zu sagen: „Laufa lau … laufa lau … oifach laufa lau …, kascht eh nix macha …" Mit dieser philosophischen Einstellung gelangt auch ein einfacher Mensch wie du und ich zu Erkenntnissen, die hinter denen von Laotse oder Heraklit nicht zurückstehen.
Im praktischen Alltag jedoch sollte man es mit dem Philosophieren nicht übertreiben. Wenn die Wasserleitung im Hause an einer Stelle undicht ist und der darunter gestellte Eimer immer rascher geleert werden muss, ist ein „laufa lau" nicht die richtige Antwort. Fazit: Philosophie isch scho recht – wo se napasst.

Laugabrezg

Man muss wohl nicht groß begründen, warum dieses Wort einen Ehrenplatz in unserem Pantheon verdient. 99 Prozent der Schwaben sind „Laugabrezga"-Liebhaber, und der bedauerliche Rest ist einfach aus der Art geschlagen. Trotzdem ist es aufschlussreich zu analysieren, wie ein beliebtes Wort durch ein historisches Ereignis noch dazugewinnt. Gemeint ist das Verfassen des legendären Laugenbrezel-Gedichts durch den früheren Stuttgarter Oberbürgermeister Manfred Rommel. Wir können einfach nicht umhin, das kleine Meisterwerk hier abzudrucken, obwohl wir für die Abdruckrechte schwer bluten mussten. Etzta, loset amol!

Die Laugenbrezel

Der Schwaben Klugheit ist ein Rätsel.
Die Lösung heißt: Die Laugenbrezel.
Schon trocken gibt dem Hirn sie Kraft,
mit Butter wirkt sie fabelhaft.
Erleuchtet mit der Weisheit Fackel
noch das Gehirn vom größten Dackel!

Besser kann man die Schönheit dieses Wortes nicht begründen. Nur eine kleine Anmerkung sei noch erlaubt zu den Varianten „Brezel" und „Brezg". Der „Fischer" lässt beides zu, und in den Bäckereien gibt es auch keine Verständigungsprobleme. Wie aber hören sich die beiden ersten Zeilen des trefflichen Gedichts mit „Brezg" an? „Der Schwaben Klugheit ist ein Räzg. / Die Lösung heißt: Die Laugenbrezg." Das klingt noch knorriger, dürfte aber Nichtschwaben noch rätselhafter vorkommen. So wollen wir an den Originalworten des Dichters nicht rütteln.

Übrigens: Wenn einer von einem anderen behauptet: „Der hot a Brezg im G'sicht", will er damit sagen: „Der ist betrunken." Die Logik leuchtet doch jedem ein, oder nicht?

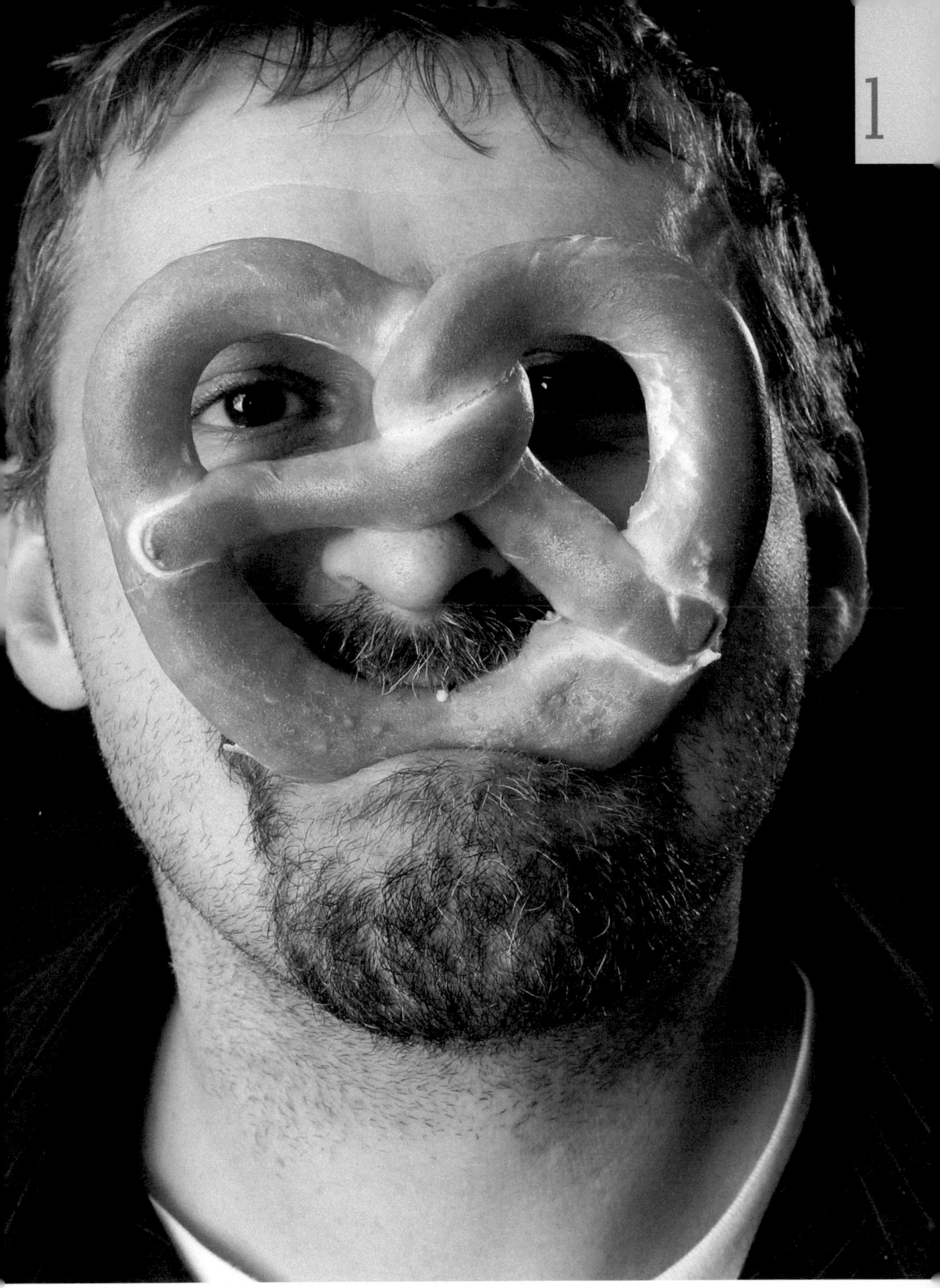

le

Das ist ja kein richtiges Wort wie im Französischen. Dort steht es vorne und kündigt wie ein Fanfarenstoß die folgende Persönlichkeit an: le roi, le président, le général. Im Schwäbischen dagegen befindet sich das „le" immer hinten wie ein Schwänzle, und es ist keineswegs ein Fanfarenstoß, aber auch, das sei hier gesagt, kein bloßes Fürzle. Das „le" steht hinter einem Wort wie ein gutes Freundle, das für Sitte, Anstand und Bescheidenheit sorgt. Da will sich vielleicht das Bezugswort großtun, es spreizt sein Gefieder und verkündet: „Da schaut her! Ich bin ein Haus! Bin ich nicht ein großartiges Haus?" Wupps, hängt sich das „le" hinten an, und aus dem aufgedonnerten Palast wird ein nettes, bescheidenes Häusle.

Das „le" drückt auf sympathische Weise die Zurückhaltung aus, die den Schwaben kennzeichnet. Man will nicht paradieren, sondern lieber sein Lichtle unter sein Scheffelle stellen. In seiner unauffälligen Art dient es auch vortrefflich dazu, die Beziehungen untereinander und sogar die Beziehung zur Obrigkeit erträglich zu gestalten. Woanders spricht man ganz unverblümt und geradezu brutal von Mehrwertsteuer, Solidaritätszuschlag oder Bußgeld. Im Schwäbischen dagegen heißt es mit entwaffnender Liebenswürdigkeit: „Mir dätet do a Abzügle von Ihrem Gehalt (Lohn) vornehma." Da kann man doch als anständiger Mensch nichts dagegen haben, oder?

legige Henn

In dieser Angelegenheit muss ich ausnahmsweise dem „Fischer" widersprechen. „legig" erklärt er mit „eierlegend, von Hennen" – dem stimme ich zu. Wenn aber die Redewendung „Der lauft rum wie a legige Henn" mit „ängstlich, verschüchtert" gedeutet wird, deckt sich das nicht mit meinen kindlichen Beobachtungen auf dem Hühnerhof.
Einer „legigen Henn" pressiert's, weil sie sich der Niederkunft nahe fühlt und nach einer passenden Stelle sucht, wo sie ihr Ei deponieren kann. Mutter Natur respektive die Evolution haben dem Tier eingeschärft, es bei diesem Geschäft den eierfressenden Feinden nicht zu leicht zu machen. Die Henne bewegt sich also aus der Sicht eines Beobachters in einem irrsinnigen Zickzackkurs, sie rennt hierhin und dorthin, nun ja, wie ein schussliges Huhn, das offensichtlich nicht recht weiß, was es will.
Wenn sich eine menschliche Person ähnlich aufgeregt und planlos aufführt, fühlt man sich an die „legige Henn" erinnert. Beiden Lebewesen möchte man raten: „Etz hock' di erscht amol na ond denk' noch!"
Ob die „legige Henn" tatsächlich so blöd ist, wie sie sich aufführt, bleibt allerdings offen. Vielleicht ist dem Eierfeind bei der Beobachtung so schwindlig geworden, dass er die Orientierung verloren hat. Andererseits hat die Bauersfrau dank ihrer Erfahrung und Intelligenz eine reelle Chance, das Ei trotz aller Verschleierungsmanöver doch noch zu finden.
Heutzutage ist es natürlich anders als in der guten alten Zeit. Lebende Hühner bekommt man kaum zu Gesicht. Leute jedoch, die sich wie „legige Henna" benehmen, gibt es immer noch genug.

lommelig

Ich musste mir mal einen neuen Gartenschlauch kaufen, weil der alte verreckt war. Im Baumarkt gab es zwei Angebote, einen teuren Schlauch mit Markennamen und einen preiswerten, dessen Namen eigentlich auch sehr schön, mir allerdings völlig unbekannt war. Ich entschied mich für die schwäbische Lösung, also für den preiswerten Schlauch. An der Kasse war eine kleine Schlange. Ein Mann vor mir drehte sich um, sah die Ware auf meinem Wägelchen und sagte, er habe auch so einen Schlauch. Der aber sei net ganz so gut, sondern „a weng lommelig". Das gab mir zu denken, aber wenn man mal nach langem innerem Kampf eine vernünftige Entscheidung getroffen hat, soll man bei ihr bleiben. Ich kaufte also den Schlauch.

Er entpuppte sich in der Tat als etwas „lommelig". Auf Hochdeutsch wäre das „schlaff, kraftlos, weich, lahm". Mit dem Schlauch ist kein Staat zu machen, er knickt leicht ab, dann kommt kein Wasser mehr, und auf der Rolle verheddert er sich, wenn man nicht aufpasst. Der Schlauch ärgert mich regelmäßig, doch wenn der Ärger überhand zu nehmen droht, sage ich zu ihm: „Du bischt au so en lommeliger Siach, en lommeliger!" Und damit ist alles wieder gut! Denn „lommelig" ist ein so anschauliches, lautmalerisches, treffendes Wort, dass man dem bezeichneten Ding nicht lange böse sein kann.

„Lommelig" kann auch ein Mensch sein, und das ist eigentlich kein Ruhmesblatt. Der Onkel Albrecht ist so ein Typ. Bei einer Familienfeier sitzt er einfach da, er hat nichts zu sagen, ihm fällt nichts ein, und er lächelt dümmlich. Doch andererseits wäre es auch schade, wenn er nicht dabei wäre. Die Lücke, die entstünde, würde ihn nicht völlig ersetzen. Und außerdem, der Onkel Albrecht hat immer sei Sach' zammag'halta und vermutlich hählinga ein Vermögen verspart. Da gibt es was zu erben! Unklar ist nur, wer der glückliche Erbe sein wird.

Lompazuig

Will sich da etwas Unwürdiges unter die schönsten Wörter mogeln? Man ist geneigt zu sagen: Naus! Do isch d' Tür! Du hoscht dohanna nix verlora! Es stimmt schon, „Lompazuig" ist Lumpenzeug, da beißt die Maus keinen Faden ab. Trotz des wertlosen Inhalts hat das Wort aber seinen klanglichen Reiz. Sind Sie, verehrte Leserin, oder Sie, verehrter Leser, Mutter oder Vater eines Kindes, das gerade im Begriff ist, für sich die Welt der Sprache zu erobern, dann stellen Sie ihm drei neue Wörter vor, von denen eines „Lompazuig" ist. Ich wette drei Viertele, dass „Lompazuig" sofort zum Favoriten avanciert. Sie werden sich das Wort tagelang fast ohne Unterbrechung anhören müssen. Abhilfe schafft nur ein neues interessantes Wort, zum Beispiel „Gruscht", was ja so ungefähr dasselbe bedeutet.
„Lompazuig" hat also auch eine attraktive Seite, und dementsprechend kann man das Wort vorteilhaft einsetzen. Vielleicht sind Sie Künstler oder fühlen sich zumindest als solcher und haben eine große Anzahl beachtlicher Kunstwerke geschaffen. Zwar hapert es noch mit der öffentlichen Anerkennung, aber private Besucher, denen sie ihre Werke zeigen, sparen nicht mit Lob. Da lassen Sie ganz souverän die Worte fallen: „Alles Lompazuig!", womit Sie heftigsten Widerspruch hervorrufen. Den ganzen Abend lang werden sich die Leute ins Zeug legen, um ihnen das Gegenteil zu beweisen. So kann sich „Lompazuig" als windiger, aber auch hilfreicher Freund erweisen.

Lugabeutel

Das bedeutet Lügner – aber was soll daran schön sein? Zunächst einmal ist das schwäbische Wort schön anschaulich. In einen Beutel passt ja ordentlich was hinein, da kann immer eins nach dem anderen hervorgeholt werden. Der Lugabeutel kann also aus dem Vollen schöpfen, und das nötigt den Mitmenschen zuweilen eine gewisse Anerkennung ab. Wenn im Wirtschäftle ein schwäbischer Münchhausen seine unglaublichen Geschichten zum Besten gibt, heißt es unter Gelächter: „Du Lugabeutel, du!"
Es gibt aber auch Lugabeutel, die es übertreiben und die Geduld ihrer Mitmenschen über Gebühr strapazieren. Da heißt es dann: Dem sollte man „den Lugabeutel rausmachen", also operativ entfernen. Das ist doch ein schöner, positiver Gedanke! Es gibt ein Problem, aber dieses kann gelöst werden. Am befriedigendsten wäre es natürlich, wenn das operative Rausmachen des Lugabeutels ohne Narkose erfolgen würde, damit der Übeltäter einen Denkzettel erhält.
Leider scheint hier der Wunsch der Vater des Gedankens zu sein. Wenn ich meinen Bekanntenkreis überblicke, scheint die operative Entfernung des Lugabeutels noch nie vollständig geglückt zu sein. Offensichtlich bleibt immer ein gewisser Rest übrig, der dann wieder zur alten Größe nachwächst. Dennoch will der Schwabe seinen schönen Glauben nicht aufgeben. Er hofft auf den medizinischen und moralischen Fortschritt.

l
m

Melle

Der „Melle" als eine Bezeichnung für den „Kopf" als Sitz des Verstandes und der Weisheit ist ein schöner Beweis für schwäbische Bescheidenheit. Es seien in diesem Zusammenhang die bekannten Verse von Eduard Paulus zitiert: „Der Schelling und der Hegel, / der Schiller und der Hauff, / das ist bei uns die Regel, / das fällt hier gar nicht auf." Was haben die vier Herren gemein? Jeder hatte einen „Melle", dem die erstaunlichsten Ideen entsprungen sind. Und da dergleichen bei uns die Regel ist, könnten sich auch einfache Menschen wie Sie und ich Gleichwertiges ausdenken, wenn wir das unserem „Melle" zumuten wollten. Neben „Melle" kennt das Schwäbische eine Reihe anderer Kopfbezeichnungen, die ebenfalls unsere feine Zurückhaltung im Reich des Geistes unter Beweis stellen: Riebel, Meckel, Grind. Auch das etwas hochnäsige „Kopf" bekommt im Schwäbischen eine volkstümliche Note: Moschtkopf, Rappelkopf, Mopskopf. Untereinander sind die Kopfbezeichnungen fast beliebig miteinander kombinierbar: Grindkopf, Riebeleskopf oder Riebelesgrind. Dazu gibt es noch ein paar deftige Gewürzbeigaben wie Bolla- oder Sau-, was zum Beispiel Bollagrind oder Saugrind zur Folge hat. Mein Favorit in diesem überschäumenden sprachlichen Kosmos ist „Sauriebeleskopf". Dennoch habe ich es vorgezogen, den „Melle" in unsere Liste der schönsten schwäbischen Wörter aufzunehmen. Das Wort ist über ein paar Ecken mit dem lateinischen „mollis" verwandt, das „weich" bedeutet. Die Bedeutungsentwicklung war: weich, fleischig, fett, dick, rund – und damit war man dann glücklich bei unserem „Melle" angelangt. Wenn man einem Mitmenschen einen „Sauriebeleskopf" an den Kopf wirft, riskiert man, dass er einen an den Grind schlägt. Ist dagegen das Wort „Melle" gefallen, ist eine gütliche Einigung immer noch möglich. Man hockt in der Wirtschaft, und nach einigen Halbe Bier entsteigen mal dem einen „Melle", mal dem anderen fulminante philosophische Ideen …

Muckaseckale

Manche Autoren verhalten sich in dieser Angelegenheit sehr schenant und umkreisen das Thema wie die Katze den heißen Brei. Wir dagegen orientieren uns am „Fischer", der ganz unverblümt konstatiert: „Zeugungsglied der Fliege". Wenn das schreckhaften schwäbischen Eltern zu starker Tobak ist, mögen sie nach gewissenhafter Lektüre die Seiten hier zammabäppa, damit die Gofen nicht auf dumme Gedanken kommen.
Sodele, nachdem das aufgeklärt ist, erhebt sich die Frage: Gehört „Muckaseckale" zu den schönsten schwäbischen Wörtern? Auf alle Fälle dürften das die männlichen schwäbischen Mucken bejahen, denn wenn die unter sich sind und sich Witze erzählen, dann geht es in 90 Prozent der Fälle um das „Muckaseckale", hohoho!
Im menschlichen Leben dagegen ist die Mucke eigentlich eher unbeliebt, und nach dem bekannten Motto aus dem Wilden Westen könnte man auf Schwäbisch texten: „Erscht a henige Muck' ischt a guate Muck'." Andererseits gilt „Muckaseckale" auch als Größeneinheit, natürlich als eine sehr kleine. Heute spricht man ja ganz wissenschaftlich vom Nano-Bereich. Aber auch schon früher musste es in der Feinmechanik beim Bosch oder beim Trumpf ganz genau zugehen. In der Lehrlingsausbildung sagte dann der Meister zu einem Azubi: „Du Seckel, du hoscht a Muckaseckale z' viel wegbohrt!" Dazu gab es noch eine an d' Backa na, und das Bieschtle hatte seine Lektion gelernt.
Wenn man also nach den Gründen für die weltweit bewunderte schwäbische Tüchtigkeit fragt, muss man auch die prägende Leitvorstellung des „Muckaseckale" nennen.

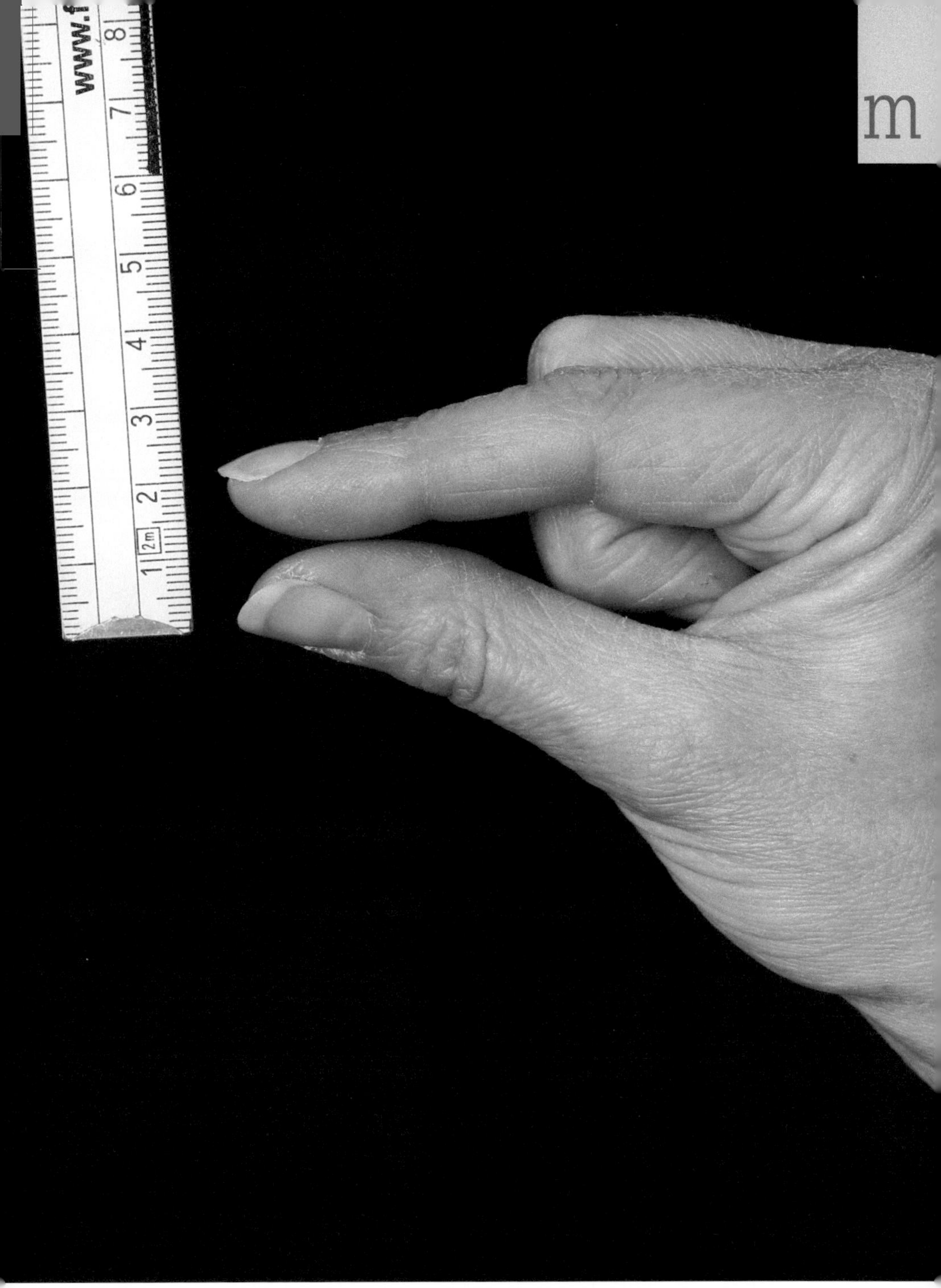

Mulle

Ist das nicht ein schöner, ja der einzig richtige Name für eine Katze? Wenn das Pelztier vor einem steht und treuherzig nach oben blickt, wenn man sich als Mensch zu ihm herabbeugt und seinen weichen, molligen Kopf streichelt, dann sagt man doch unwillkürlich „Mulle, Mulle" – etwas anderes will einem in dieser Situation gar nicht einfallen.
Wer mit dem schwäbischen Liedgut groß geworden ist, der hat dabei natürlich aus der Erinnerung geschöpft. Gemeint ist das unsterbliche Lied „D' Bäure hot d' Katz verlora." Das ist eine Ballade, die einem emotional schwer zusetzt. Die Situation ist nämlich so ähnlich wie bei den zwei Königskindern, die einander so lieb hatten, aber durch unglückliche Umstände voneinander getrennt waren. Die eine Heldin, wenn wir so sagen wollen, ist hier die Bäuerin, der plötzlich auffällt, dass ihre Beziehungspartnerin verschwunden ist, und die nun angstvoll singt: „Mulle, Mulle, wo bisch?"
Im Unterschied zu der Ballade von den Königskindern geht es hier zum Glück gut aus. Wie Katzen das gerne machen, hat „Mulle" zwischendurch ein Nickerchen eingelegt und sich dafür ein besonders gemütliches Plätzchen gesucht, nämlich auf dem Heuboden. Die Bäuerin erinnert sich an die Gewohnheiten des Tieres und stöbert es tatsächlich auf. Uff, jetzt ist alles wieder gut! Die Bäuerin hat insgesamt 18 Mal „Mulle" gesungen, zuerst flehend-beschwörend, dann freudig-erleichtert.
An dieser Stelle hört das Lied auf, aber man kann sich leicht vorstellen, dass der Bauer beim Nachtessen, als seine Frau ihm von dem Drama erzählt, den Mostkrug absetzt und auch noch ein paar Strophen beisteuert, in denen er „Mulle" immer wieder hochleben lässt. Da hält es die Kinder auch nicht länger, auch sie singen mit wachsender Begeisterung „Mulle, Mulle, wo bisch?" Am nächsten Tag singen sie in der Schule weiter, und für alle schwäbischen Schulkinder ist es eines der liebsten Lieder.
Eine solche Sangeslust ist aber nur möglich bei einem so schönen Wort wie „Mulle".

No net hudla!

Dieser Spruch begleitet den Schwaben von Anfang an. Schon bei der Zeugung des Stammhalters ermahnen sich Vater und Mutter gegenseitig: „No net hudla!" – damit es auch ein Prachtskerle wird. Der Onkel schreibt es ihm ins Stammbuch, der Lehrer in das erste Schreibheft und der Meister hinter die Lehrlingsohren.
Der „Fischer" erklärt „hudle" mit: „eilig und oberflächlich, unpünktlich arbeiten". So kann natürlich keine deutsche Wertarbeit entstehen und schon gar keine schwäbische. Wo kommt das Wort eigentlich her? Zwei Erklärungen streiten sich um die Deutungshoheit. Da gibt es die schöne Geschichte vom Bäcker, der mit dem „Hudelwisch" den heißen Backofen auskehrt, flüchtig wohlgemerkt. Hm. Diese Herleitung kann nicht ganz stimmen, denn wenn der Bäcker bei der Aktion hudelt, dann bleibt doch eine Sauerei im Backofen zurück, oder?
Im Grimmschen Wörterbuch wird „hudeln" von „Hudel" abgeleitet, das sei ein „Schimpfwort für einen nichtswerten Menschen", und auch der „Fischer" argumentiert ähnlich. Diese Erklärung dürfte wohl wissenschaftlich besser fundiert sein.
Oinaweg, ich bevorzuge die Bäckergeschichte. Nehmen wir mal an, ein schwäbischer Eulenspiegel verdingt sich bei einem Bäcker. Er soll den Backofen auswischen, und ihm wird eingeschärft: „No net hudla!" Er macht sich an die Arbeit und sagt schließlich: „Moischter, i be fertig mit Hudla." Der Meister sieht sich das Werk an. „Des soll hudla sei? Des ischt g'hudelt!" Und er haut dem Lehrling eine an d' Backa na. „Aua!", beschwert sich dieser und fügt hinzu: „I han genau so g'hudelt wie Sie, Moischter. Tupfagleich!"
Alles klar? Wenn nicht, haben Sie beim Mitdenken „g'hudelt"!

No nix Narrets!

Wenn ein Nichtschwabe den Spruch zum ersten Mal hört, könnte das in seinen Ohren ähnlich aggressiv klingen wie „Ho Tschi Minh!" Die entsprechenden Vollformen der Slogans wären „Ho ho – Ho Tschi Minh!" und „No no – no nix Narrets!" Aber eine solche Interpretation wäre natürlich total daneben. Das schwäbische Statement ist der draufgängerischen 68er-Parole diametral entgegengesetzt. Man kann sich leicht vorstellen, wie die schwäbischen Zuschauer seinerzeit einen lautstarken Demo-Umzug kommentierten: „No nix Narrets!"

Probieren wir es mit einem zweiten Anlauf. „Narret" bedeutet „übertrieben, verrückt". Es ist von „Narr" abgeleitet, also könnte man auf den Gedanken kommen, dass das ein Fasnetsspruch ist. Aber das wäre ja erst recht verrückt, denn das würde bedeuten, dass sich die Narren selbst Einhalt gebieten, dass sie sich selbst abschaffen wollten! Nein, das kann auch nicht stimmen.

Richtig dagegen ist: Hier spricht die Stimme der Vernunft, und sie spricht schwäbisch. Der Mensch ist im Prinzip Mensch, aber zuweilen verhält er sich wie ein Pferd: Er vergaloppiert sich. Er kommt vom rechten Weg ab, vielleicht in guter Absicht, aus den edelsten Beweggründen. Und wenn er dann im Zickzack durch die Gegend eilt und in Gefahr ist, Maß und Ziel aus den Augen zu verlieren, wenn er sich gar einem fürchterlichen Abgrund nähert, dann ist es ein Segen, wenn ein außenstehender Betrachter ihm die Augen öffnet mit dem Zuruf: „No nix Narrets!" Drei gute Wörter zur rechten Zeit – und alles ist wieder im Lot.

nottla

An diesem Beispiel sieht man mal wieder, wie fatal es ist, wenn einer sagen muss: Ich kann alles – außer schwäbisch. Dann fehlt ihm nämlich eine Kernkompetenz, er kann nicht „nottla". Wie sollte er auch, wenn er nicht einmal das Wort für die Tätigkeit kennt?
Der „Fischer" definiert „nottla" so: „etwas rasch, aber nicht heftig, hin und her bewegen". So ischt es, und intelligentes, gefühlvolles „Nottla" ist etwas, was gerade den schwäbischen und badischen Erfinder auszeichnet. Nehmen wir mal den Benz, also den von Daimler-Benz. Da hat dieses Käpsele vor über hundert Jahren seinen „Kraftwagen" zusammengebastelt, und der sah beileibe nicht so aus wie ein Mercedes-Prototyp von heute. Na klar, dem Tüftler standen ja keine zehn Feinmechaniker mit Spezialgeräten zur Verfügung, er musste alles allein mit seinen vergleichsweise primitiven Werkzeugen zusammensetzen. Kein Wunder, dass die Einzelteile immer wieder nicht hundertprozentig zueinander passten. In solch einer Situation hilft nur eines: nottla ond rommacha und nomol nottla, bis das Ding schließlich irgendwie hebt. Und siehe da, am Ende fuhr der Kraftwagen vom Benz tatsächlich!
Beim Nottla darf es natürlich nicht bleiben. Später muss die Präzision dazukommen, Stichwort „Muckaseckale". Aber in der Verbindung von „nottla" und „Muckaseckale" erreicht die schwäbische Ingenieurskunst ein weltweit unerreichtes Niveau.

omanandfuzga

Das schönste Wort für einen schwäbischen Motorradfahrer, denn es drückt perfekt die Lust der Tätigkeit aus. Auf Hochdeutsch klingt es ja etwas ordinär: „herumfurzen". Dazu kann es nach reichlichem Genuss von Wurstsalat und Bier auch kommen, ist aber nicht die Hauptsache. Die Haupthandlung besteht im beherzten, rasanten Herumfahren in der warmen Jahreszeit. Da kann es schon mal vorkommen, dass man zu sehr auf die Tube drückt und die zulässige Geschwindigkeit ein wenig überschreitet. Natürlich muss dann die Polizei einschreiten – aber was heißt da schreiten? Mit einer so gemächlichen Bewegungsart würde man auf die Biker null Eindruck machen. Da auch die Radarblitze wenig ausrichten, ist die Polizei zum Hinterherfuzga gezwungen. Vor den Augen des Beobachters am Straßenrand entfaltet sich ein tolles Schauspiel, und die Ohren kommen auch nicht zu kurz.

Petäterle

Dieses schöne, altmodische, antiquierte, vielen schon unverständliche Wort muss hier unbedingt herein. Obedingt! Selbst wenn alle Lebensbedingungen für ein „Petäterle" entfallen sind, wenn also dank strengster Gesetzgebung der letzte Raucher seinem Laster entsagt hat und auf Gummibärchen umgestiegen ist.
Das „Petäterle" ist ein Feuerzeug, aber ein lausiges. Es funktioniert nämlich nur – vielleicht. Zu manchen Zeiten kann man sich den Daumen am Rädle wundreiben, und es will dennoch kein Feuerle entstehen. Vielleicht heißt aber auf französisch „peut-être". Das lausige Feuerzeug ist also ein „Vielleichtle".
Württemberg und Frankreich haben in der Vergangenheit vielfältig miteinander zu tun gehabt, manchmal im Guten (Grafschaft Mömpelgard), manchmal im Schlechten (Kriegszüge). Kein Wunder, dass da sprachlich einiges hängen geblieben ist. Möglicherweise gibt es im Französischen ein Pendant zum „Petäterle", sagen wir „le petit-filleikt" (die Franzosen können ja alles aussprechen außer h und ch).
Wie auch immer, das „Petäterle" ist ein Symbol für die schwäbisch-französische Freundschaft. Wenn der Herr Mischterpräsident einen Besuch in Paris macht, könnte er Monsieur le Président ein funkelnagelneues Hightech-Petäterle von Bosch überreichen. Natürlich müsste es so programmiert sein, dass es nur vielleicht funktioniert …

pressiera

Und noch ein Wort als Folge der schwäbisch-französischen Kohabitation. Das französische Erbteil hat seinen guten Grund. 400 Jahre lang gehörte die Grafschaft Montbéliard (Mömpelgard) zu Württemberg, französische Kultur war einst tonangebend in Europa, und schließlich zogen oft genug französische Soldaten durch das Land, die partout französisch parlierten.

„pressiera" ist so ein Relikt. Zugrunde liegt das französische „presser" mit der Bedeutung „pressen, bedrängen, drängen, eilig sein". Während Menschen in anderen Teilen Deutschlands in Eile sind, „pressiert's" dem Schwaben. „pressiera" klingt schon ziemlich „pressant", nicht wahr? Hat es der Schwabe eiliger als andere? Strebt er also intensiver und geradezu mit Siebenmeilenstiefeln dem Herzinfarkt entgegen?

Ha noi! Zwar pressiert's zeitenweise und manchmal sogar arg – aber dann hört die Pressiererei auch wieder auf. Wenn es einem auf den Zug pressiert, dann erwischt der Pressierer diesen oder auch nicht, und in beiden Fällen kehrt nach der Hektik wieder Ruhe ein. Wenn es einem aufs Klo pressiert, ist es ähnlich. Also erst Eile, dann aber auch wieder Weile.

Das „pressiera" hat also bei allem momentanen Druck auch eine natürliche, ja gemütliche Seite. Ein Ende der Notlage ist immer abzusehen. Deshalb erinnert „pressiera" an die gute alte Zeit, welche die blöden Vokabeln „Stress" und „Burnout" noch nicht kannte.

p

Rossbollagässle

Da sieht man mal wieder, über welche Zauberkraft die Sprache verfügt! Aus zum Teil bedenklichen Bestandteilen formt sie eine wunderbare Einheit.
„Ross" für sich klingt ziemlich edel. Wer hoch zu Ross ankommt, gehört zur Hautevolee und nicht zum gewöhnlichen Fußvolk. Man denke nur an das Reiterdenkmal von Kaiser Wilhelm I. auf dem Stuttgarter Karlsplatz. „Bolla" dagegen ist eher neutral. Ein runder Klumpen, aus dem noch alles Mögliche werden kann. Als der Herrgott den Menschen erschuf, nahm er erst mal einen Bollen Lehm zur Hand. Sodele!
So weit ist also noch alles in Ordnung. Aber jetzt – Rossbolla! Herr Brenneise, des ischt eine Zumutung! Gemach, antworte ich, es kommt ja noch etwas dazu, nämlich das „Gässle", und damit ist der schwierige Spagat geglückt.
„Rossbollagässle" klingt doch einfach heimelig, oder nicht? Das erinnert an die gute alte Zeit. Ich selbst wohnte viele Jahre in der Zwingergasse, einem krummen Sträßle in der Altstadt Biberachs. Das war damals in den 50er-Jahren ein richtiges „Rossbollagässle", obwohl ich ehrlicherweise zugeben muss, dass ich dort nie einen Gaul gesehen habe. Vielleicht hat der Biberacher Genremaler Johann Baptist Pflug auf einem Ölgemälde, das noch seiner Wiederentdeckung auf einer „Bühne" harrt, die Zwingergasse festgehalten: Wie so ein Rössle anmutig seinen Schweif hebt, um hier seine Visitenkarte zu hinterlassen …

Ruckerle & Schuckerle

Das sind zwei prächtige Gesellen, vergleichbar mit Castor und Pollux oder mit Rosencrantz und Guildenstern. Sie kommen zwar auch einzeln vor, aber wenn sie zusammen auftreten, können sie viel bewegen.
Wer denkt bei „Ruckerle" nicht an die berühmte „Ruck-Rede" von Bundespräsident Roman Herzog am 26. April 1997? Ein Ruck müsse durch Deutschland gehen, damit die verkrusteten Strukturen aufbrächen. Und was ist passiert? Eigentlich nicht viel. Der Ruck war mehr verbal. Es hätte jedoch ganz anders kommen können. Wenn der ehemalige Bundespräsident, zugegebenermaßen ein Bayer, aber doch immerhin einige Jahre Minister in Baden-Württemberg, gesagt hätte, durch Deutschland müsse ein „Ru-ckerle" gehen oder besser noch ein „Ruckerle & Schuckerle", ja, da hätte sich was getan! Zumindest die Schwaben hätten die Botschaft verstanden und die Ärmel hochgekrempelt.
Ein „Ruckerle", sagt der „Fischer", ist „eine rasche, kleine Bewegung wie Ruck, aber häufiger als jener". Eben, das ist der Unterschied! Zu einem Ruck muss man sich aufraffen, es ist eine fast heroische Entscheidung, aber ein „Ruckerle" schafft jeder. Und „schucken" ist man ja von der Schule her gewöhnt. Nachträglich betrachtet war das Schucken der Klassenkameraden bei allen passenden und unpassenden Gelegenheiten beinahe die wichtigste, auf alle Fälle die liebste Aktivität. Im Schulzeugnis hätte zum Beispiel stehen können: „Konrads Leistungen waren im Ganzen ausreichend, im Schucken jedoch verdient er eine glatte Eins."
Was ist denn „schaffen" anderes als ein „Ruckerle" hier und ein „Schuckerle" da? Und staunend registriert man in anderen Bundesländern, wie viel man mit dieser einfachen Methode im Ländle erreicht.

Sach

Was darunter zu verstehen ist, hat Thaddäus Troll unmissverständlich klargemacht: „Sei Sach: das ist der irdische Besitz, das Hab und Gut des Schwaben, an dem er inbrünstig hängt.“ Troll meint, dass diese inbrünstige Einstellung zum „Sach“ eine im Grunde bedenkliche Sache sei. In seinem unsterblichen „Entenklemmer“ hat er uns eindringlich und zwerchfellerschütternd vor Augen geführt, wie verkorkst ein Mensch ist, für den „sei Sach“ den höchsten, ja alleinigen Wert darstellt.

Scho recht, aber was soll jetzt am „Sach“ so schön sein? Zunächst einmal werden alle Entenklemmer im Ländle (wer hat sie gezählet?) der unumstößlichen Ansicht sein, dass das „Sach“ das schönste aller Wörter ist, war und sein wird. Dass ihre notorische Besitzversessenheit himmlischerseits und bei der Endabrechnung nicht gerne gesehen wird, ist ihnen hier auf Erden scheißegal, um an dieser Stelle ein gemeindeutsches, unschönes, aber treffendes Wort zu verwenden. Aber man kann das „Sach“ auch in einem positiven Licht sehen. Wie bei der „Kehrwoch'“ (s. dort) überzeugt das „Sach“ durch seine akustische Entschiedenheit und Geschlossenheit. Der krachende Guttural am Wortende ist doch ganz etwas anderes als der verbindliche, aber auch recht flaue Wortausgang bei „Sache“. Da denkt man gleich an „Siebensachen“ und wie der Gruscht kreuz und quer herumliegt! Bei „Sach“ dagegen werden klare Grenzlinien gezogen: Das hier ist „mei Sach“ – und lass du fei deine Finger davon! Und noch etwas muss zur Ehrenrettung vom „Sach“ gesagt werden. Jahrhundertelang war das heutige Baden-Württemberg nicht mit Reichtümern gesegnet. Man war in der Tat gezwungen, sein „Sach“ zusammenzuhalten und mit seinen Ressourcen sparsam umzugehen. Heute ist der Wohlstand weit verbreitet. Wenn man dennoch darauf bedacht ist, sein „Sach“ zusammenzuhalten, dann will man seine Unabhängigkeit bewahren. Man will nicht die Hand aufhalten, auf dass der Staat sie fülle. Unter diesem Aspekt ist das „Sach“, Troll hin oder her, richtig sympathisch.

S

saua

Ein Blick in die Zukunft. Wir schreiben das Jahr 2020. Stuttgart hat es doch noch geschafft, die Olympischen Spiele ausrichten zu dürfen. 100-Meter-Lauf der Männer, Finale. Unter den Athleten – ja heidablitz! – ein Schwabe! „Auf die Plätze, fertig, los!" – und ab geht die Post. Leidenschaftlich feuern die schwäbischen Fans ihren Mann an. Was schreien sie? „Sau! Sau!"

Nichtschwäbische Zuschauer, ja Milliarden Fernsehzuschauer weltweit (soweit sie des Deutschen mächtig sind) trauen ihren Ohren nicht. Wird da der schwäbische Nationalheld auf offener Bühne beleidigt?

Keineswegs. „Sau!" bedeutet hier: Der Kerle soll „saua". Und „saua" ist nichts anderes als „rennen, angestrengt laufen". Sind nun „Sau" (das Schwein) und „saua" (rennen) irgendwie miteinander verwandt? Hermann Wax meint, es bestehe kein wissenschaftlicher Anlass oder Grund, den Zusammenhang zu leugnen, denn in freiem Auslauf könnten Sauen erstaunlich schnell rennen.

Für den Nichtschwaben ist es unter Umständen schwierig zu erkennen, ob bei der Äußerung „Sau!" im Einzelfall eine Beleidigung oder die Aufforderung zum Rennen vorliegt. Nun, der Zusammenhang entscheidet. Wenn jedoch völlige Eindeutigkeit geschaffen werden soll, können kleine sprachliche Zugaben hilfreich sein. „Etzta, sau!" ist die Aufforderung, läuferisch sein Bestes zu geben. Andererseits wird auch einer, der nix kann außer Hochdeutsch, auf Anhieb verstehen, was gemeint ist, wenn ihm an den Kopf geworfen wird: „Du Sau, du dreckete!"

schaffa

Für sein „Schaffa" ist der Schwabe in ganz Deutschland, ja fast schon weltweit bekannt, berühmt und berüchtigt. Man anerkennt seine Tüchtigkeit, aber man schüttelt auch den Kopf über seine angebliche Arbeitswut. Vor lauter „Schaffa" vergesse er das „Läba", also die Lebenskunst. In dieses Horn stößt auch unser Vorzeigeschwabe Thaddäus Troll.
Dieser Ansicht muss hier ein entschiedenes Hano! entgegengesetzt werden. In meinen Ohren klingt „schaffa" so ansteckend und anregend, dass ich am liebsten gleich hergehen möchte, um an zwei Sachen auf einmal zu schaffa. Aber das lasse ich lieber bleiben, denn das würde bloß zum Hudla führen.
Es hat seinen guten Grund, warum der Schwabe das Wort „schaffa" dem hochdeutschen „arbeiten" vorzieht. „Arbeit" bedeutet ja ursprünglich „Mühsal". Daran denkt man nicht gerne, und widerwillig macht man sich daran, wenn es nicht anders geht. Bei „schaffa" dagegen nennt der „Fischer" als erste Bedeutung (die natürlich auch auf die zweite „arbeiten" abfärbt): „hervor-, zu Stande bringen". Das ist ein Riesenunterschied! Wer schafft, der möchte auch, dass etwas herauskommt.
Nehmen wir mal zur Verdeutlichung den ersten Satz der Bibel: „Am Anfang schuf Gott Himmel und Erde." Es ist doch klar, dass damit „schaffa" gemeint ist, denn Gott wollte ja, dass etwas dabei herauskam. Ein anderer hätte vielleicht gesagt: Ich fange mal mit dieser Arbeit an, aber um fünf ist fei Feierabend!
In einem kleinen Hotel, in dem ich mal übernachtete, bekam ich mit, wie die Hotelbesitzerin ihrem etwas arbeitsunlustigen Sohn, der sich wohl lieber in die Disko verdrücken wollte, die richtige Arbeitsmoral zu vermitteln trachtete: „I schaff's gern." Wenn alle so denken würden, müsste man sich um Deutschlands Zukunft keine Sorgen machen.

Schäslo

Das ist die schwäbische Schreibweise und Aussprache des französischen Wortes „chaiselongue". Es bezeichnet eine Art Liege, die im 18. Jahrhundert erfunden wurde, um eine Kombination von Sitzen und Liegen zu ermöglichen. Das Wort wirkt heutzutage sowohl im Französischen als auch im Schwäbischen etwas antiquiert. Das physische Bedürfnis hat sich jedoch durchaus erhalten, was man an monströsen Fernsehsesseln und -sofas ablesen kann.
Trotz ihrer Antiquiertheit sollten wir die „Schäslo" in unserem Herzen und Gedächtnis bewahren. Sie ist ein Erbstück von Großvater- und Großmutterzeiten her. Mehr noch, mit der „Schäslo" wird der Bogen geschlagen von den schwäbischen Wohnstuben zur großen Welt des kultivierten Frankreich. Man scheute sich damals nicht, eine gute Erfindung oder zumindest eine Vokabel von den linksrheinischen Nachbarn zu übernehmen.
Die „Schäslo" diente dem Wohnkomfort, brachte aber auch andere Vorteile. Wenn etwa im Zuge der zahlreichen unumgänglichen Invasionen ein französischer General an die Haustür geklopft hätte und man in der Lage gewesen wäre, ihm eine „Schäslo" und ein Viertele anzubieten, hätte er beeindruckt ausgerufen: „Mon dieu! Une chaiselongue en Allemagne! Das sind zivilisierte Leute!" Und er hätte seine Leute angehalten, nur maßvoll zu plündern.
„Schäslo" ist einfach ein Stück schwäbischer Kulturgeschichte und ein Beweis für den Segen der frühen Globalisierung.

Schätzle

Wenn die Person, die man mit dem Bekenntnis „I mag di" (siehe dort) beglückt hat, eine direkte Anrede erhalten soll, bietet sich „Schätzle" an. Damit ist der Schwabe aber noch längst nicht am Ende seines Liebeslateins. Er könnte auch „Spätzle", „Mäusle", „Schneckle", „Äffle", „Lombadierle", „Amenaschlupferle", „Mockele" und sogar „Scheißerle" sagen, und die Geliebte würde schnurren wie ein Kätzle, dem man das Fell streichelt. Zwar sieht Thaddäus Troll den schwäbischen Liebeswortschatz eher kritisch: „Der Schwabe nimmt seine Vergleiche, wenn er zärtlich werden will, gern aus dem Band Amphibien und niedere Tierarten", aber die obige Aufzählung beweist doch, dass auch auf Säugetiere und sogar auf Primaten Bezug genommen wird!
Wie auch immer, „Schätzle" ist das schönste von all diesen zärtlichen Benennungen. Nur: Ist es auch noch im aktiven Gebrauch der heutigen jungen Kerle, die ihre Mädle poussieren wollen? Wenn schon der Großvater mit einem zart gehauchten „Schätzle" die Großmutter für sich gewonnen hat, fühlt sich möglicherweise ein modernes Girl mit diesem antiquierten Kosenamen nicht adäquat angesprochen. Da sich nun bei den modernen Kommunikationsformen Piktogramme großer Beliebtheit erfreuen, könnte der clevere Verehrer einfach ein Schildle aus der Tasche ziehen, auf dem ♡ steht. Wow! Da könnte das Mädle die schönsten Komplimente herauslesen. Vielleicht hört sie mit dem inneren Ohr „süaße Grott'" – momentan eine total coole Anrede. Andererseits glauben wir, dass man auch heutzutage mit „Schätzle" unheimlich punkten kann. Es klingt so innig und herzlich.

Schopf

„Offener Anbau an Haus oder Scheuer", „bestimmt zur Aufbewahrung von Wägen, Holz, Torf", sagt der „Fischer". Das Wort kommt also aus dem ländlich-bäuerlichen Bereich. Aber im Zuge der Landflucht, Verstädterung und Existenzbedrohung ist auch der „Schopf" bemüht, sich eine neue Bleibe zu suchen. Wenn also eine zweite Garage gebaut wird und dem Architekten der nützliche Gedanke kommt, dass man da doch gleich einen kleinen Anbau für Rasenmäher, Gartengeräte und Fahrräder dazusetzen könnte – wie nennt man ihn sinnvollerweise? „Schopf" natürlich.
Dieser „Schopf" ist erstaunlicherweise verwandt mit dem Haarschopf. In beiden Fällen geht es nämlich um Büschel, in unserem um Büschel Heu oder Stroh, die dort gelagert wurden.
Der „Schopf" ist ein Charakterwort, und das macht seinen rauen Charme aus. Wenn von Ignoranten behauptet wird, im Schwäbischen könne alles verkleinert und verniedlicht werden – hier ist der Gegenbeweis. Von einem „Schöpfle" wird niemand sprechen wollen, so klein auch der Anbau sein mag.
Könnte der „Schopf" schwätzen, würde er brutteln: „Was soll etzt der ganze Gruscht do henna?" Aber zugleich ist er gutmütig wie ein rechtschaffener Hausmeister. Wenn man ihn also wega dem Gruscht fragen würde: „Solla mr's lassa oder nausdoa?", dann würde er seufzend antworten: „Ha, noch lasset's halt in Gott's Nama …"
Wenn nur alle so wären wie der „Schopf"!

Schtuegert

Dieses Wort muss hier herein, da beißt die Maus keine Silbe ab. Wir gewinnen damit die Sympathien von 600 000 Stuttgartern und vielen anderen, die mit Bewunderung und Stolz auf die Landeshauptstadt blicken.
Der Name „Schtuegert" ist ein schöner Beweis für Emanzipation und vorbildliche Erfüllung der Frauenquote, denn der ursprüngliche Ortsname „Stuotengarten" bedeutet nichts anderes als „Stutengarten". Lange bevor Mercedes seine modernen Fortbewegungsmittel baute, wurden hier Pferde gezüchtet. Theoretisch wäre auch der Name „Hengstpark" möglich gewesen – doch dieses Wort hätten wir unmöglich in unsere Liste aufnehmen können. Respekt vor Herzog Liudolf von Schwaben und seiner kühnen Entscheidung bei Stuttgart 10!
Bei „Schtuegert" ist es ähnlich wie bei „Diebenga": Es gibt eine offizielle und eine volkstümliche Variante des Namens. „Stuttgart" klingt zugegebenermaßen härter als, sagen wir, „Karlsruhe" oder „Baden-Baden". Aber das hat seine Berechtigung, denn irgendwo im Ländle müssen ja die endgültigen Entscheidungen getroffen werden. Der Herr Ministerpräsident kann nicht auf seine Briefbögen draufschreiben: „Schtuegert, Villa Reitzastoi", da würde man ihn anderswo nicht ernst nehmen.
„Schtuegert" dagegen klingt viel gemütlicher. Von der Aussprache her müsste man eigentlich schreiben „Schduegerd" – das hört sich noch einen Tick gemütlicher an. Das klingt nach Weindorf und Cannstatter Zuckerle, oder net?
Aber trotz aller Gemütlichkeit hat auch „Schtuegert" noch viel Power und Zugkraft. „Schtuegert, Ulm und Biberach" – da setzt sich ein tüchtiges Lokomotivle in Bewegung und zieht die Waggons hinter sich her. Sogar Meckenbeuren und Durlesbach profitieren noch davon und geraten dank „Schtuegert" in das Licht der Öffentlichkeit.

Schütza

Dieses Wort wird nicht jedem Schwaben geläufig sein, während ein Biberacher nicht begreifen kann, dass es irgendeiner auf Gottes Erdboden nicht kennt. Etzta, ihr Sempel, passet auf! „Schütza" ist die Kurzform von „Schützafescht", was in plattem Hochdeutsch „Schützenfest" bedeutet. Das Biberacher Schützenfest ist ein Heimat- und Kinderfest und versetzt die Stadt jedes Jahr in einen wunderbaren Aufruhr. Die Etymologie gibt eigentlich nicht so viel her. Eines der üblichen Schützenfeste, bei dem das Herumballern im Mittelpunkt steht, war es nie und ist es auch heute nicht. Es könnte ein Schutzfest gegen die Pest oder ein Dankfest für den Frieden nach dem Dreißigjährigen Krieg gewesen sein. Wie auch immer, heutzutage besteht ein Programmpunkt darin, dass ältere Schüler mit der Armbrust um die Wette schießen. „Fest" leitet sich ab vom lateinischen „fēstus", mit der Bedeutung „feierlich, der religiösen Feier gewidmet" – doch da entfernt sich „Schütza" erheblich von den ehrwürdigen Wurzeln. Zwar gibt es bei der Gelegenheit auch Gottesdienste, und auf dem Marktplatz wird gemeinsam das „Schützenfestlied" gesungen, bei dem nicht wenigen so feierlich zumute wird, dass sie kaum noch das Blärra verheben können, aber im Großen und Ganzen ist „Schütza" eine fröhliche, ausgelassene Angelegenheit mit Schützenwurst und Schützenbier, mit Schützenumzug, Schützenkönig und Schützenkönigin. Nehmen Sie irgendein positiv getöntes Substantiv und setzen Sie die magische Formel „Schützen-" davor – es passt scho.

Ein ganz besonderes Kapitel ist der so genannte „Schützenschatz" bzw. das „Schützenschätzle". Normalerweise geizt das Biberacher Mädle mit seiner Gunst, aber wenn ihm an „Schütza" so ein gut gewachsener Kerle ein „I mag di" ins Ohr flüstert (vorausgesetzt, er riecht nicht zu sehr nach Wurst und Bier), dann ist, heidablitz!, unter Umständen bei Mondenschein alles möglich …

schwätza

Beim „Schwätza" kommt es ganz darauf an, ob man selber gerne schwätzt oder unter dem Schwätza anderer leidet. Der eine stellt sich das Paradies so vor, dass er schwätzt und schwätzt und alle anderen, von den einfachen Engeln über die Erzengel bis zu Petrus und zum lieben Gott, mit stets wachsender Begeisterung zuhören. Für den anderen wäre es die Hölle, wenn er sich dieses Geschwätz anhören müsste. Wie man das „Schwätza" bewertet, ist also Einstellungs- und Typsache.

Die Herkunft des Wortes sei unklar, meint der „Kluge". Immerhin gibt es im Mittelhochdeutschen das Verb „swateren", was „rauschen, klappern" bedeutet. Das klingt ja nicht gerade positiv. Kein Wunder, dass es zu Großvaters Schulzeiten Tagebucheinträge „wegen Schwätzens" gab. Der Lehrer wollte schließlich in seinem schwungvollen Vortrag nicht durch Rauschen und Klappern gestört werden.

Trotz allem: Was wäre eine Hocketse ohne „Schwätza"? Wird die Kehrwoch' nicht dadurch erträglich, dass man den Besen ruhen lässt und ein Schwätzle hält, wenn einer vorbeikommt? Ist das „Schwätza" nicht der eigentliche Sinn eines Betriebsausflugs? Deshalb hat für uns das Wort „schwätza" einen schönen, warmen, gemütlichen Klang.

Schließlich ist „schwätza" etwas ganz anderes als das hochdeutsche „schwatzen". Das klingt nun wirklich unsympathisch oder geradezu verboten. Es soll Schwaben gegeben haben, die nach jahrzehntelangem Auslandsaufenthalt wieder ins Ländle zurückkamen, aber das „Schwätza" verlernt hatten. Sie konnten nur noch schwatzen! Grauenvoll!

Schwob

Eines der schönsten schwäbischen Wörter, dessen Schönheit sich allerdings nicht jedem erschließt. Um es richtig würdigen zu können, muss man selbst ein „Schwob" sein, denn nur als solcher kann man es richtig aussprechen. Die hochdeutsche Entsprechung ist „Schwabe", an sich auch ein sehr schönes Wort, aber mit „Schwob" kann es sich nicht messen! Nehmen wir mal an, zwei Menschen treffen sich im Ausland, und der eine stellt die Frage: „Bischt au en Schwob?" Wenn ja, sind die beiden sehr gerührt und können gerade noch das Blärra verheben. Und jetzt stellen Sie sich vor, der Fragensteller hätte sich so artikuliert: „Sind Sie auch Schwabe?" Wer so rausschwätzt, ist nie und nimmer ein „Schwob"!
Die weibliche Entsprechung zu „Schwob" ist – „Schwäbin". Hm. Das ist nicht das Gelbe vom Ei, das ist bestenfalls Honoratiorenschwäbisch. Hier hat die Mundart irgendwie versagt. Es müsste doch etwas ähnlich Schönes geben, also „Schwobin" oder „Schwobere". Solange dieses sprachliche Defizit besteht, muss der „Schwob", wenn er die von ihm verehrte schwäbische Frau liebevoll ansprechen will, andere schöne schwäbische Wörter verwenden wie „Lombadierle" oder „Amenaschlupferle".

Seele

Gemeint ist natürlich die „schwäbische Seele". Während in der Philosophie ein erbitterter Kampf tobt, ob es überhaupt eine Seele gibt, ist die Sache zumindest für den Oberschwaben klar: Natürlich gibt es eine Seele, man kann sie ja beim Bäcker kaufen, am besten am Morgen, wenn sie frisch aus dem Ofen kommt: innen weich, außen herrlich knusprig, mit Salz oder zusätzlich auch noch mit Kümmel bestreut. Den authentischen Geschmack erreicht man nur mit Dinkelmehl. Selbstverständlich wird jeder Seelenesser die „Seele" von seinem Spezialbäcker für die beste halten, also habe auch ich das Recht zu sagen: Die allerbesten „Seelen" gibt es in Otterswang und in Bad Schussenried, sell isch gwiiß.

Natürlich wird man wissen wollen, wie die Köstlichkeit zu ihrem Namen gekommen ist. Das ist eine lange Geschichte, hier möge der Hinweis genügen, dass das Backwerk mit „Allerseelen" zu tun hat. In früheren Zeiten wollte man an diesem Feiertag der „armen Seelen" im Fegefeuer gedenken. Da diesen nun aus ontologischen Gründen der Zugriff auf das Nahrungsmittel verwehrt ist, kamen ersatzweise Bedürftige in seinen Genuss.

Heutzutage ist uns das nicht mehr so recht geläufig. Die leckeren „Seelen" gibt es, Gott sei Dank, das ganze Jahr über, und wer erst einmal herausgefunden hat, wie gut sie schmecken, wird sich sofort zum Kreis der Bedürftigen zählen.

Woher das Wort „Seele" eigentlich kommt, hat die Forschung bis jetzt noch nicht herausbekommen. Aber so genau muss man es ja nicht wissen wollen. Für die schwäbische „Seele" gilt auf alle Fälle: außen knusprig, innen weich. Mit anderen Worten: raue Schale, weicher Kern.

Sempel

Das ist zugegebenermaßen ein Schimpfwort. Wenn jemand mit dickem Hals, zornrotem Kopf und lauter Stimme Sie einen „Sempel" oder gar „Quadratsempel" heißt, werden Sie das Wort nicht unbedingt zu den schönsten schwäbischen Wörtern zählen wollen.

Aber es gibt auch andere Fälle. Sie lernen in einer Besenwirtschaft ein blitzsauberes Mädle kennen, man kommt sich näher, man hebt die Henkelgläser – da passiert Ihnen ein Malheur: Sie schuckeln beim Zuprosten, und etwas Rotwein landet auf dem weißen T-Shirt. Das Mädle sagt: „O du Sempel!" Das ist nun auch nicht gerade eine Liebeserklärung, aber ein warmer, verständnisvoller Unterton ist doch herauszuhören. Noch ist nicht alles verloren!

Der „Sempel" leitet sich ab vom lateinischen „simplex", das bedeutet „einfach". Das ist zunächst kein Verdammungsurteil. Es gibt bekannte, sympathische „Sempel" in der Literatur wie den „Simplicissimus" oder den „Parzival". Der letztere steigt am Ende sogar auf bis in die höchste Führungsposition.

Mancher „Sempel" entwickelt sich jedoch nicht weiter, ja degeneriert geradezu zum Deppen. Also Obacht! Ein zweites Mal würde ich den Rotwein nicht auf das T-Shirt der Angebeteten verschütten!

Semsakrebsler

Das ist die Bezeichnung für einen Wein, der nicht prämiert werden kann, weil er einfach zu sauer ist. Aber die verantwortliche Weinrebe hat es auch nicht leicht gehabt, denn sie musste sich an der Hauswand hochranken (krebsla), wobei sie an Simsen, also an Fensterbänken und sonstigen Vorsprüngen, notdürftigen Halt fand.
Die Schönheit des Wortes besteht zuerst einmal darin, dass sie die heroische Haltung der Weinrebe widerspiegelt. Diese hätte ja auch angesichts der schier unmöglichen Aufgabe in schwäbischer Unverblümtheit sagen können: „Ja leck mi am Aasch!", um dann einfach zu verrecken. Awa! Nichts dergleichen!
Ferner zeigt der „Semsakrebsler", wie sich schwäbische Findigkeit, Sparsamkeit und Lebenskunst auf unnachahmliche Weise miteinander verbinden. Wenn man so ein Getränk erzeugt, das fascht nix koschtet, ist man mit Recht stolz. Der Übergang zum räßen Most ist zwar fließend, doch mit einem deftigen Vesper, bestehend aus Bauernbrot, Schwarzwurst und scharfem Senf, kriegt man das Gesöff gut runter.
Mit dem klugen Einsatz des Begriffs „Semsakrebsler" können Sie sich überdies auch als ausgebufften Weinkenner zu erkennen geben. Da wird zum Beispiel ein recht guter, süffiger Lemberger oder Riesling serviert. Alle anderen Viertelesschlotzer verdrehen verzückt die Augen. Und nun äußern Sie sich: „I dät saga, des ischt en rechter Semsakrebsler." Da geht den anderen aber das Zäpfle na! So einen feinen Gaumen haben die nämlich nicht.

striela

Der „Fischer" ist in diesem Fall eher kritisch: „herumstreifen, sich zwecklos herumtreiben. Mit tadelndem Nebensinn: herumstreichen in der Absicht, sich auf Kosten anderer Genüsse zu verschaffen."
Hano, Herr Fischer! Das „Striela" hat durchaus auch positive Aschbekte. Wer nicht das Pech hatte, als Kind in einem wohlbehüteten, also scharf bewachten Elternhaus aufzuwachsen, wer also auch, selbstverständlich nach Erledigung der Hausaufgaben, auf die „Gass'" durfte, um auf Unerwartetes, Überraschendes, Abenteuerliches zu stoßen, der wird sich noch gerührt an das unbeschwerte „Striela" in der holden Kinder- und Jugendzeit erinnern. Es war so ähnlich wie bei Goethe: „Ich ging im Walde so für mich hin, und nichts zu suchen, das war mein Sinn ..." Und auch der geheime Rat und Minister stieß auf eine jesasmäßige Überraschung, nämlich auf ein „Blümelein"! Heidanei, des hett' i etzt net denkt!
Es muss natürlich gesagt werden, dass es beim Eintritt in das Erwachsenenalter mit dem „Striela" so ziemlich vorbei ist. Dann ist nämlich „schaffa" angesagt. Wenn ein Erwachsener durch das Viertel „strielt", hat er offensichtlich nix zum Schaffa und macht sich verdächtig. Doch während des Urlaubs im Süden, wo anscheinend ganze Völker ihr Leben nur mit „Striela" verbringen, kann man auch wieder der einstigen Leidenschaft frönen.

Stückle

Das „Stückle" kann ein „süaß Stückle" sein, das man zum Kaffeele isst. Ein solches „Stückle" hat im Vergleich zu einer Torte den Vorteil, dass es erheblich weniger kostet. Schon das allein steigert den Genuss.
Daneben hat aber das „Stückle" eine viel erhabenere Dimension. Dann ist das Grundstück gemeint, auf das man sein Häusle bauen kann. Ohne „Stückle" kein Häusle, das weiß hierzulande jedes Kind (die Einsicht in diesen elementaren Zusammenhang ist in anderen Ländern verloren gegangen, was zur Errichtung von Luftschlössern geführt hat).
Oft gestaltet sich die Suche nach dem „Stückle" schwierig. Die richtig guten „Stückle" gehen meist unter der Hand weg, und wenn man als hoffnungsvoller Häuslebauer angedackelt kommt, ist im Allgemeinen nur Gruscht übrig geblieben (a Scheißstückle). Man muss es sich zur Gewohnheit machen, allen möglichen Leuten bei allen möglichen und unmöglichen Gelegenheiten die klassische Frage zu stellen: „Hend Sie mir a Stückle?" Irgendwann klappt es.
Ein „Stückle" kann, wie die Verkleinerungsform erwarten lässt, klein sein. Es sollte aber immerhin so groß sein, dass das Häusle draufpasst. Bei manchen waghalsigen Unternehmungen stellt sich beim Baufortschritt heraus, dass das „Stückle" eigentlich nur für das Wohnzimmer und die Toilette reicht. Dann ist guter Rat teuer. Wie beim Fußball muss es jetzt heißen: Der Platz ist klein, aber hoch. Man muss einfach wolkenkratzerartig weiterbauen. Mancher Bauherr spricht dagegen von seinem „Stückle" – und dieses umfasst tausend Quadratmeter! Das ist die sprichwörtliche schwäbische Bescheidenheit.
Und wie steht es bei Ihnen? Hend Sie scho a Stückle? Ja? Und geerbt haben Sie auch gerade? Man könnte glatt neidisch werden …

überschaffa

Das Grundwort „schaffa" wird da behandelt, wo es alphabetisch hingehört. Eine mögliche Fehlentwicklung wird dort angedeutet: dass der Schwabe beim Schaffa kein Ende findet und sich gar zu Tode schafft. Dann muss ihm Gevatter Tod die Schaufel, den Hammer oder den Kehrwisch aus der Hand nehmen, sonst würde dieses menschliche Perpetuum mobile bis zum Bembemberlestag weiterschaffen. Die Japaner, ebenfalls fanatische Workaholics, sprechen von „karoshi", das bedeutet: Tod durch Überarbeitung.

Aber ganz so bleed sind wir doch nicht. Das beweist die Existenz der Vokabel „überschaffa" mit der Bedeutung „sich überarbeiten". Das Problem ist also immerhin erkannt.

Nehmen wir folgende kleine Geschichte. Sie haben Urlaub und strielen müßiggängerisch durch die Gegend. In einem Garten sind zwei Bekannte bei der Arbeit. Die Leute haben ein Jesasg'schäft vor sich, sie müssen nämlich eine Riesenbaumwurzel rausmachen, manuell und ohne Hilfe eines Baggers. Die Farbe der Köpfe changiert zwischen tiefrot und dunkelviolett. Den Schweiß der Schaffenden riecht man auf zwanzig Meter gegen den Wind.

Gutgelaunt treten Sie an den Gartenzaun und rufen: „Überschaffet euch net!" Das ist ein vernünftiger, gut gemeinter Ratschlag. Die Männer machen eine Pause und schauen Sie an. Die beiden würden Sie am liebsten o'gspitzt in da Boda neischlaga …

verzwabsla

Das Wort ist verwandt mit „zappeln". Über den Hintergrund dieser Vokabel sind sich, was selten ist, die Wissenschaftler einig. Der „Duden" sagt über die Herkunft: „ungewiss", der Kluge: „unklar". Ja Herkoles, da gibt's aber noch viel zum Forschen!
„Verzwabsla" bedeutet „vor Ärger, Ungeduld und dergleichen fast aus der Haut fahren". Zweifellos ist das eine unschöne Situation. Trotzdem klingt „verzwabsla" etwas gedämpfter und nicht gar so hektisch wie „zappeln". Der Zappelphilipp schmeißt ja in seiner Ungeduld alles über den Haufen. Zu solchen Radikalhandlungen würde ein „Verzwabsla" nicht führen. Meist gibt es Auswege und Lösungen.
Zum Beispiel beim Biberacher Schützenfest. Ein Höhepunkt ist, wenn am Schützenmontag der Bunte Zug, der von den Schülern der Stadt gebildet wird, an seinem Ziel, nämlich dem Marktplatz, angekommen ist. Auch die kleinsten Grundschüler haben die Ehre, mitzumarschieren und jetzt dastehen zu dürfen.
Nun ist es aber an diesem Tag besonders heiß. Die Pferde, die die Festwagen ziehen, haben den Forderungen der Natur gehorchend, regelmäßig ihre dampfenden Hinterlassenschaften auf dem Asphalt platziert. Es wäre übertrieben zu sagen, es stinke gottsmillionisch, aber ein markantes ländliches G'schmäckle liegt unüberriechbar in der Luft. Und um den Stress noch voll zu machen, müssen sich alle Beteiligten am Ende des Marsches auf dem Marktplatz sammeln und in der Hitze warten, bis auch die letzte Gruppe eingetroffen ist. Einige Grundschüler stehen vor dem psychischen und physischen Knockout. Der begleitende Lehrer erkennt die Gefahrenlage, und da die Schule nicht weit weg ist, sagt er zu einer Kollegin: „Mir ganget etzt zom Biesele, sonscht verzwabslet mir no!" Und er schleicht sich mit seinen Dreikäsehochs sozusagen unter dem Radar davon. Das ist doch ein schönes Beispiel für schwäbischen Pragmatismus, gell?

Veschper

Das klingt wie ein uraltes schwäbisches Wort, ist aber lateinischen Ursprungs. Früher bedeutete es „Abend", dann „Abendgottesdienst". Man war also zu Olims Zeiten noch weit entfernt vom Veschper-Gedanken. Natürlich ist die Abendzeit auch etwas Schönes, und warum soll man nach des Tages Mühen nicht auch ein Gebet sprechen oder ein frommes Lied singen? Aber wenn es dabei bleibt, dann fehlt doch etwas, oder nicht? Es fehlt der solide, materielle Abschluss, die Belohnung mit einem Kanten Bauernbrot, einer Portion Leberkäs und einem Bier.
Das alles steckt in dem Wort „Veschper", aber auch noch mehr, nämlich: Schwartenmagen, Leberwurst, Rauchfleisch, Landjäger, Wurstsalat, Käse, statt dem Bier auch diverse Viertele usw. Jeder kann hier noch einsetzen, was er am liebsten veschpert. Wenn man also das Wort „Veschper" ausspricht oder hört, steigt vor einem die Vision all dieser Köstlichkeiten auf. Das Veschper ist die schwäbische Vorstellung vom Schlaraffenland und Paradies.
Das Veschpern nur auf den Abend zu beschränken wäre Blödsinn. Andererseits würde es aber auch keinen Spaß machen, permanent zu veschpern. Also spart man am Frühstück und gestaltet es so unverfänglich, dass bereits um neun oder zehn vormittags das erste Vespern möglich ist. Und dann geht es quer durch den Tag. Wer schafft, hat auch das Recht zum Veschpern, oder net?
Das schwäbische Veschpern ist von einem ganz anderen Kaliber als das, was anderswo als „Vespern" bezeichnet wird. „Vespern" klingt doch so, als würde etwas mit einem scharfen Messer genau portioniert: so viel und kein Gramm mehr! Beim „Veschpern" (oder eigentlich „Väschpern") denkt man dagegen an einen rustikalen Holztisch, der reich gedeckt ist mit den oben erwähnten Nahrungsmitteln. Zulanga ond veschpra, veschpra ond zulanga – meh braucht's net.

V

Viertele

Dieses wunderbare Wort gehört zu der sympathischen Wortfamilie, deren Nachname, wenn man so will, auf -le endigt. Vom Viertele spricht man in Verbindung mit Flüssigkeiten. Das Viertele könnte sich also theoretisch auf Milch, sauren Sprudel oder Karottensaft beziehen, tatsächlich aber geht es immer mit Wein einher. Wenn Sie also im Wirtschäftle ein Viertele bestellen, ist die Bedienung sofort im Bilde, und sie will allenfalls wissen, ob es vom Roten oder vom Weißen sein soll.

Das feine Ambiente des schwäbischen Wortes wird deutlich, wenn man es mit dem hochdeutschen Pendant vergleicht. Hören Sie sich das mal an: „Herr Wirt, bringen Sie mir ein Viertel!" Da denkt man doch gleich, dass der Wirt mit preußischem Stechschritt anmarschiert und exakt 0,25 Liter auf dem Tisch absetzt. Das Viertele dagegen hat eine einschmeichelnde Musikalität: Étzale – Víertele – sódele – éins, zwei, drei ... Am liebsten möchte man mit dem Henkelglas aufstehen, die Bedienung um die liebliche Taille fassen und so selbdritt im Walzertakt durch den Schankraum tanzen. Aber bloß nix verschütten, Sie Bachel!

Vom Viertele erwartet man auch eine gewisse Großzügigkeit. Das ist zwar von der Wortbildung her nicht ganz logisch, denn das -le bringt ja eigentlich eine Verkleinerung zum Ausdruck. Das kleine Viertel müsste also weniger beinhalten als ein Standardviertel, mathematisch gesprochen 0,25 Liter minus x. Aber das gäbe in der Beiz einen Granatenaufstand, wenn die Flüssigkeitslinie unter dem Strichle auf dem Gläsle läge! Das würde kein schwäbischer Wirt riskieren, deswegen schenkt er immer a bissle mehr ein, als er dem Gesetz nach verpflichtet wäre. Der Dank des Zechers ist ihm sicher. „Guat g'messa!", heißt es anerkennend. Diese noble Geste führt unweigerlich zu Folgeaufträgen: „Bedienung! Nomol a Viertele!"

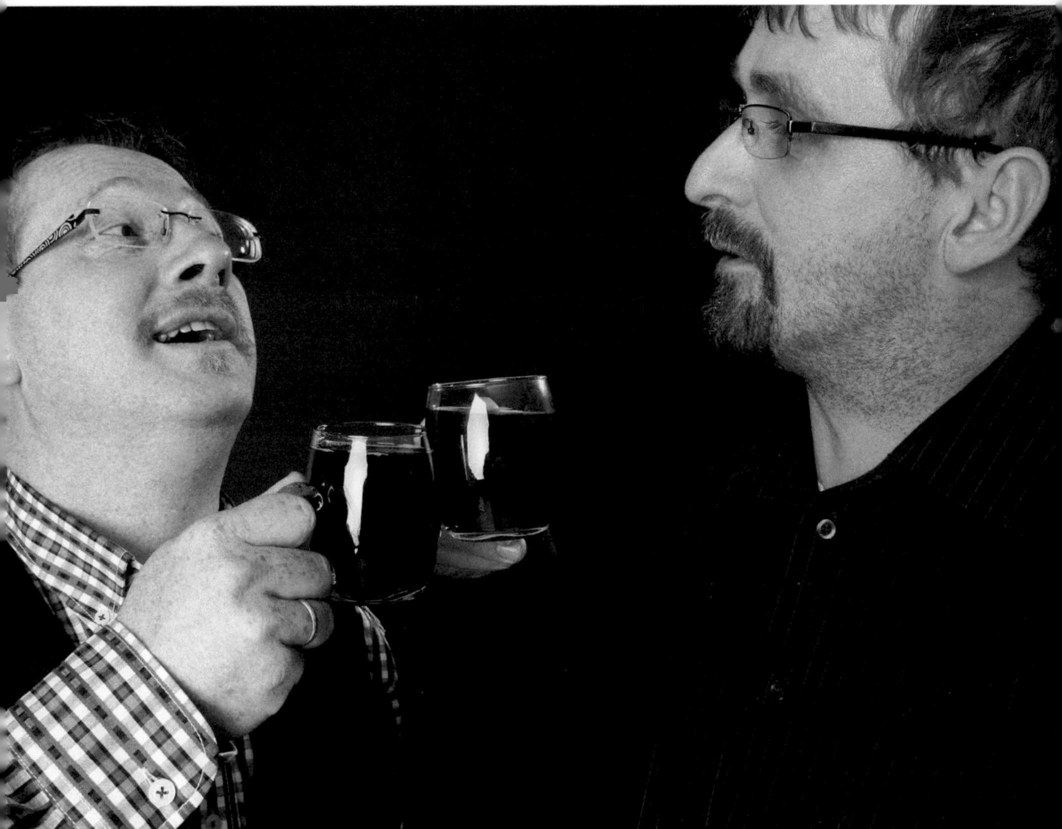

Wieland

Möglicherweise hat es sich im Schwabenland noch nicht so richtig herumgesprochen, was für ein schönes Wort das ist. Es muss also noch Aufklärungs- und Überzeugungsarbeit geleistet werden.
„Wieland" war zunächst einmal ein reiner Vorname. Wortbildung und Bedeutung sind unbekannt. Unter dem Einfluss der alten Sage von Wieland dem Schmied wurde der Name im Mittelalter recht populär und avancierte sogar zum Familiennamen. Ich kannte einmal einen Schuhmacher mit Namen Wieland, der sehr ordentliche Arbeit leistete. Ihm könnte ich hier ein kleines Denkmal setzen. Doch die eigentliche Hommage gilt natürlich dem Dichter Christoph Martin Wieland, dem Verseschmied und Wortartisten, der Biberach zu dem Ehrentitel „Wielandstadt" verholfen hat. Wie Schiller hat er durchweg auf Hochdeutsch gedichtet, was natürlich bedenklich ist. Andererseits hatten beide Promis einen schwäbischen Akzent, was sie wieder sympathisch macht. Diese literarischen Schwergewichte haben also bewiesen, dass wir beides können: Schwäbisch und Hochdeutsch!
Mit Wieland öffnet sich ein Tor in das fabelhafte 18. Jahrhundert. Damals gab es zugegebenermaßen keine Wasserspülung und keinen iPod, doch geischtig herrschte Hochbetrieb. Man muss sich zwar in Wielands Werke erst einlesen und sich an seinen zierlichen Stil gewöhnen, aber mit kongenialer, zeitgenössischer Musik im Hintergrund, also Mozart (den Wieland schätzte und liebte), kann das gelingen.
„Christoph Martin Wieland" und „Biberach": mit dem musikalischen Wechsel von hellen und dunklen Vokalen passt das gut zueinander. Die spielerische, urbane Anmut des Rokoko und die ruhige Weite des Oberlandes bilden eine schöne Harmonie.

woisch

Das ist schwäbisches Urgestein, an dem sich einer, der nix kann außer Hochdeutsch, die Zähne ausbeißen wird. Deswegen sei hier gleich verraten, was damit gemeint ist. „woisch" bedeutet „weißt du".

Da sitzen zwei Frauen im Café. Träubleskuchen und Kaffee stehen auf dem Tisch, aber das sind nur die Accessoires. Das Eigentliche, Wichtige ist das Schwätza, das Verzähla. Wie so oft, verzählt die eine erheblich mehr als die andere. Der Zeitung lesende Gast am Nebentisch kann nicht umhin, das eine oder andere mitzuhören. Er versteht nicht alles (Gott sei Dank), aber ein Wort hebt sich immer wieder ab: „woisch".

Eigentlich ist dieses „woisch" sinnlos, denn die Erzählende verfügt ja über das gesamte Wissen, und die Zuhörende weiß eigentlich nichts, denn sie hat keine Ahnung, wie die Geschichte weitergeht. Dennoch hat das „woisch" seinen guten Sinn: Die Zuhörerin wird in das Geschehen mit einbezogen, sie wird zur Mitwisserin gemacht. „woisch" ist ein Zeichen des Vertrautseins, der Intimität, der Freundschaft. Da ist „wisset Se" viel distanzierter, obwohl damit ebenfalls der Versuch gemacht wird, den Zuhörer zu sich heranzuholen. Wenn jemand Sie mit „woisch" beglückt, gehören Sie fast schon zur Familie.

Und dann gibt es noch „woisch no?", also „weißt du noch?". Das ist nun in der Tat geteiltes Wissen, gemeinsame Erinnerung. Als wir noch Kinder waren, in die Schule gingen, uns in dasselbe Mädchen verliebten – woisch no? Das ist alles so lange her und von einem wunderbaren Zauber umgeben. Wir sagen „woisch no?" und versuchen, das uns Entgleitende noch einmal festzuhalten.

Zwiebelroschtbroata

Bei dem herrlichen Wort läuft einem doch richtig das Wasser im Mund zusammen, oder nicht? Da geht es dem Schwaben auch nicht anders als dem berühmten Pawlow'schen Hund, der allerdings auf ein banales akustisches Signal konditioniert worden war. An diesem Beispiel sieht man, wie die Sprache die Lebensfreude zu steigern vermag. Selbst wenn es noch gar nicht so weit ist mit dem Essen, also am Samstag, kann man den Sonntagsgenuss schon dadurch geistig vorwegnehmen, dass man sich genießerisch sagt: „Zwiebelroschtbroata" …

Die Musik des Wortes ist auch unvergleichlich. Es beginnt fein und hoch, als würden zwei Violinen umeinander herumzwiebeln, mit dem „roscht" setzt sozusagen das ganze Streicherensemble ein, und schließlich will das komplette Orchester beim „broata" mitmachen, mit Pauken und Trompeten. Do wird g'essa, do wird g'spachtelt …

Wer Ohren hat zu hören, wird beim Aussprechen des Wortes „Zwiebelroschtbroata" auch noch andere wunderbare Wörter hören: Spätzla, Sößle, Salätle und natürlich Viertele und Trollinger. Das Ganze ist dann mehr als ein gewöhnliches Musikstück, man könnte es die „schwäbische Sinfonie" nennen.

z'letscht

Natürlich habe ich bei meinem Gang durch die wunderbare Welt der Wörter Fachbücher konsultiert, doch mein Ehrgeiz war nicht, aus den Werken der Gelehrten ein weiteres gelehrtes Werk herauszudestillieren. Obwohl ich gewisse sprachwissenschaftliche Grundkenntnisse habe, betrachte ich mich nicht als linguistischen Experten, etwa auf dem Gebiet der Etymologie.

Mein Vorgehen orientiert sich eher an der „Spaziergangswissenschaft", die Lucius Burckhardt für den Bereich Landschaft und Architektur entwickelt hat – nicht ohne ein gewisses Augenzwinkern. Zur Verdeutlichung des Gedankens: Ein „absichtsloser" Spaziergänger wird im Park einerseits weniger wahrnehmen als ein Botaniker oder Zoologe oder Landschaftsarchitekt, andererseits aber auch mehr, da seine Sicht nicht fachspezifisch eingeengt ist. Die ästhetische Komposition einiger Büsche, der sinfonische Zusammenklang von Vogelstimmen, die Wolken zwischen den Kiefernzweigen, die Choreographie spielender Kinder – das alles fällt durch das wissenschaftliche Netz und gehört dennoch zur Gesamterscheinung des Parks. Ich habe also aufmerksam in die Fachbücher hineingeschaut und mir das eine oder andere gemerkt. Doch das war nur der Ausgangspunkt für meine Spaziergänge und meine eigenen Beobachtungen.

Die Bücher, die ich benutzt habe, sind für jeden Interessierten zugänglich und erschwinglich. Besonders wichtig waren für mich:

Hermann Fischer / Hermann Taigel, Schwäbisches Handwörterbuch, 2. Auflage, 1991

Hermann Wax, Etymologie des Schwäbischen, 3. Auflage, 2007

Kluge / Elmar Seebold, Etymologisches Wörterbuch der deutschen Sprache, 24. Auflage, 2002

Duden, Etymologie, Der Große Duden, Band 7, 1963

Lutz Röhrich, Lexikon der sprichwörtlichen Redensarten, 3. Auflage, 1991

Matthias Lexer, Mittelhochdeutsches Taschenwörterbuch, 29. Auflage, 1959
Thaddäus Troll, Deutschland – deine Schwaben, 1967
Amüsant und lehrreich war für mich auch:
Wolf-Henning Petershagen, Schwäbisch für Besserwisser, 2003
Lobend erwähnen möchte ich ferner die fabelhafte Werbung von „Schwaben Bräu" („Fließend schwäbisch") und das „Schwäbische Dictionärle" im Internet. Die originellen Plakate haben mich immer amüsiert und bei meinen eigenen Unternehmungen beflügelt. Ein schönes Beispiel für ein ersprießliches Zusammenwirken von Wirtschaft (Bier) und Kultur. Weiter so! Laufa lau!
Einen Kummer muss ich mir aber noch zum Schluss von der Seele schreiben. Zuweilen hätte ich gerne in das große, sechsbändige Standardwerk Fischer / Pfleiderer / Keller, Schwäbisches Wörterbuch, 1901–1936, hineingeschaut. Davon gibt es sogar eine digitalisierte Online-Ausgabe, allerdings herausgegeben von der Bayerischen Staatsbibliothek, und um diese wertvolle Quelle anzuzapfen, hätte ich erst einmal nach München fahren müssen, um mich persönlich vorzustellen und einen guten Eindruck auf die Bajuwaren zu machen. Angesichts dieser außerordentlichen Umstände habe ich meine Neugier etwas bezähmt. Aber es müsste doch für die Württembergische Landesbibliothek eine Ehrensache sein, in dieser wichtigen schwäbischen Angelegenheit nicht hinter den Bayern zurückzustehen!
Als Schlusswort: Sodele.